はじめに――「がんばらない防災」を台所から

私たち母娘は、1995年の阪神・淡路大震災に何の備えもなく遭いました。阪神高速道路が横倒しに崩れた神戸市の東灘区に自宅と仕事場があったのです。

運よく助かって、無我夢中で過ごし、気がついたらどうやら日常にもどったと思えるようになるまで、やはり10年くらいかかったように思います。そのあいだにも「これがあったから助かった」「これがあればもっと楽だったのに」と思ったことを伝えるのが生き残った者の義務ではないかと思って「台所からのがんばらない防災」として発表してきました。この本はその集大成です。

まず、いのちを守るライフセービングのために何を準備しておけばよいか。

それは夜、寝る前のちょっとした準備を習慣にすることだったり、家具や収納に少し工夫をすることだったり、ほんの小さな気配りがまさかのときに大きな差になるのです。

そして、助かったいのちを、救援は期待できない中でどう守るか。

水や火の確保の仕方と長持ちさせる知恵。

手元に残った食材でいつものごはんをつくるスキル。

これらの生きるためのベースになるのが台所です。ふだんから乾物を使って料理をしていたり、季節の保存食づくりを楽しんでいると、いざというときに使える食べ物と知恵のストックが台所に自然に備わってくることがわかりました。

〈PART1〉では、がんばりすぎない防災の備えと、被災直後の暮らし方のポイントをまとめました。一度読んでおくと、いざというときに「あれができる」「こうすればいい」ということを思い出せると思います。

〈PART2〉では、台所にあると便利な食品やキッチン小物などとその使い方を解説しました。ここに書いたものを全部そろえる必要はないのです。ただ、いろいろな食品を使える・つくれるようにしておくことが、自然に台所のストックを充実させていくので、「これはこうして食べることもできるんだ」のヒントとして、できるところから試してみるとよいと思います。

〈PART3〉やコラムでは、身近なセーフティネットをつくるために必要なことや、そのほか知っておいてほしいことをまとめました。

圧倒的な自然の力の前では、人間の力は本当に弱いものです。災害が起これば、日常の暮らしはいやおうなく奪われます。そこからまた、元の暮らしに戻ってゆくことが「復興」です。そのプロセスが少しでもスムーズになるように、まずは個々の家庭でできることを中心にまとめました。ふだんの暮らしの延長線上にある「わが家のライフセービング」です。こうした備えが災害大国・日本の「当たり前」になることを願っています。

目次（朱色の小項目はレシピを示します）

単位と用語について

●1カップは200cc＝200mℓです。なお、炊飯器についている米の計量カップ（1合）は180ccなのでご注意ください。

●大さじ1は15cc＝15mℓ、小さじ1は5cc＝5mℓです。

●できるだけ、重さを計らずにつくれるようにしましたが、「×g」と書くしかないものもあります。缶詰や乾物などはパッケージに分量が書いてあるので、「だいたい1／2缶」というように換算してください。

●「ニンジン1本」「タマネギ1個」などとある場合の野菜の大きさは『五訂版　食品80キロカロリーガイドブック』（女子栄養大学出版部）などを目安にしています。実際の大きさにはバラツキがあるので、加減してください。

●たとえば「ダイコン50g」のように1本、1個単位では表現しにくい場合は、「卵1個大」のように“目ばかり”で示しました。

●「賞味期限」と「消費期限」について
　この本でとりあげる食品には、ほぼ「賞味期限」の表示がされているはずです。これはハム・ソーセージやスナック菓子、缶詰など、冷蔵や常温で保存がきくものに使う期限表示です。開封していない状態で、表示されている保存方法に従って保存したときに、おいしく食べられる期限を示していますが、賞味期限を一日でも過ぎたら食べられなくなるということではありません。
　よく似た表示で「消費期限」があります。これはお弁当や洋生菓子など、長くは保存がきかない食品に使う期限表示です。開封していない状態で、表示されている保存方法に従って保存したときに、食べても安全な期限を示しています。消費期限が表示されている食品は、その期限内に食べるようにしましょう。

写真＝石井昭文（グリーンサム）／撮影協力＝サカモトキッチンスタジオ／イラスト＝岩間みどり／デザイン＝アルファ・デザイン／DTP＝ディー・クラフト・セイコウ

PART 1

地震！
そのときとその後の
サバイバル術

1 地震のとき、まずは逃げるために

(1) 枕元に絶対必要なもの

震度7以上の大地震ともなれば、揺れがおさまるまではほとんど動けません。まずは次ページで述べる、身を守る姿勢をとります。寝ているときであれば、なにはなくとも懐中電灯とラジオだけはすぐに手が届くようにしておきましょう。図のような機能があると安心です。

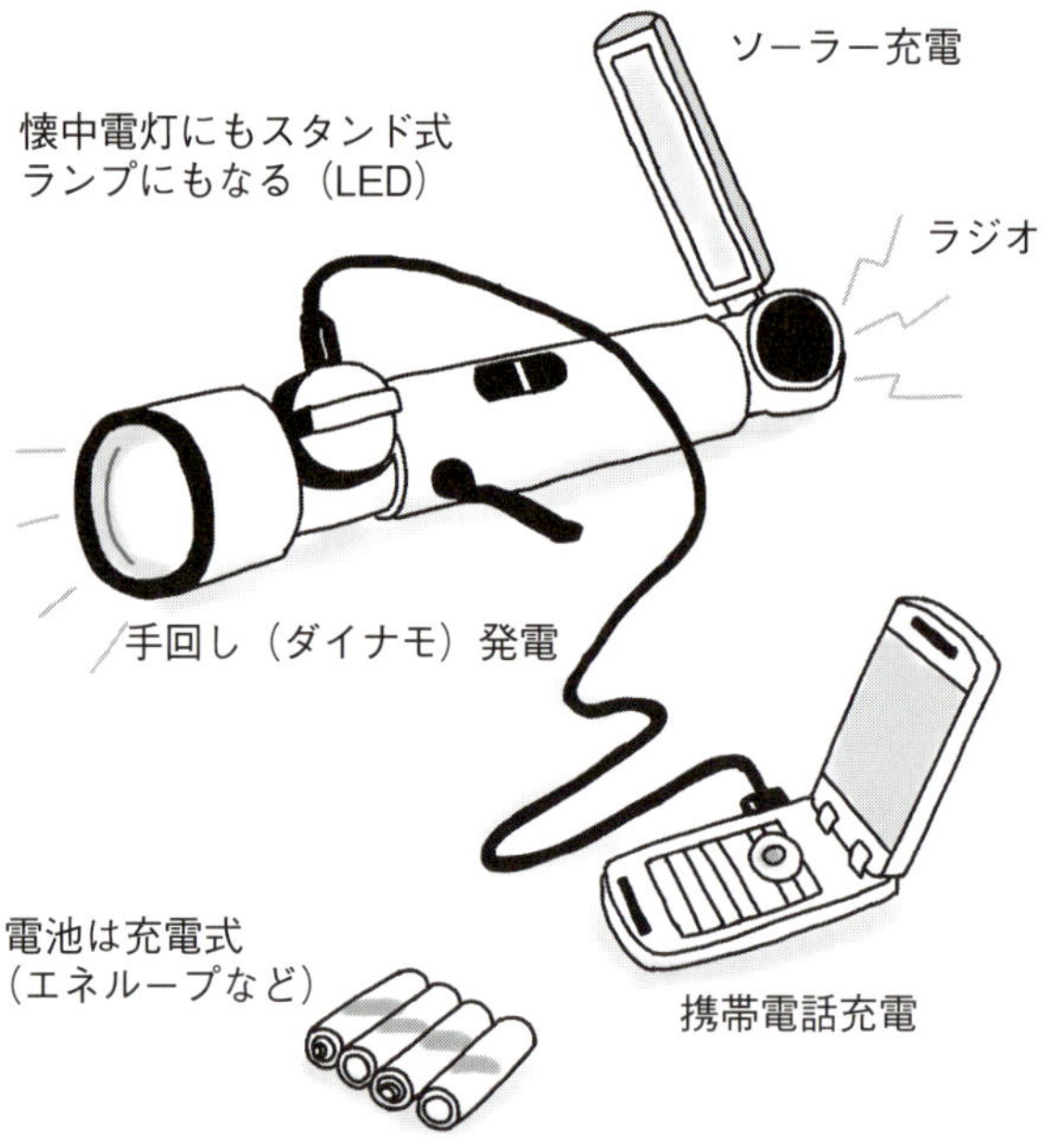
ソーラー充電
懐中電灯にもスタンド式
ランプにもなる（LED）
ラジオ
手回し（ダイナモ）発電
電池は充電式
（エネループなど）
携帯電話充電

阪神・淡路大震災のときは、突然で何の備えもしていませんでした。そんな中で「あれもこんなことに使える」「これで大助かり」という体験から、いまでは夜、寝るときには枕元で携帯電話の充電をしている横に、必ずすぐに持って出られるハンドバッグを置くようにしています。

これはいわば第一避難袋で、中には財布や印鑑、ショールなどとともに、片手に乗るくらいの小さなポーチが入っています。そこに、マスクやひも、アメ玉のように緊急時に役立つものや、爪切り・耳かきのように「ほしいときにないと困る」ものを入れています（p11参照）。

水や食料を詰めこんだリュックサックなどは、いつのまにか押入れの奥に行ってしまい、いざというときに持って逃げることはできません。ふだん身近に置いているハンドバッグに最低限の準備をしておくと、「その後」の行動がラクになります。

(2)そのときの対応

日中や、夜でも起きているときであれば、机の下に避難したり危険なものから逃げましょう。寝ているときに地震に襲われたら、図のようにうずくまって、布団をかぶりましょう。

頭を守る

仰向けのまま身動きのとれない状態になることを避ける

これだけは覚えておいてください。

いくら腹筋を鍛えたとしても、仰向けで押さえられてしまうと起きあがるのはとても難しいのです。

うずくまる

布団をかぶる

夏、かけ布団がなければ敷き布団でもいいのでかぶる

机にもぐったらしがみついて机から離れない

タンスは天井まで詰めておくと倒れにくい
窓のカーテンは長めに閉じておく
木綿やシルク、ウールがおすすめ
寝るときの服装
夏でも薄手のもので長袖・長ズボンを
スリッパか靴を手近なところに

(3) 寝るときのチェックポイント

ちょっとした習慣を身につけておくことで、もしものときのリスクを減らすことができます。

●服装…薄い布1枚でも、飛び散るガラスの破片などを防いでくれます。できるだけ動きやすく、肌の露出を少なくできるものを。できれば木綿、シルク、ウールなど天然繊維のものがおすすめ。もしも火がついたときに、合成繊維だと溶けて火傷しやすく、天然繊維のほうがリスクは低くなります。

●底の厚いスリッパか靴…地震のあとは、身の回りにはガラスや電灯、壁・天井の破片などがいっぱい。素足では逃げるのもままなりません。阪神・淡路大震災のときは、半年くらいはずっと、掃除機をかけるたびにチリチリと破片が出てきました。底の厚いスリッパや、すぐ履くことができるタイプの靴がおすすめ。ヒールの高いものやヒモを結ばないといけないものは非常用には向きません。

●窓のカーテンはちょっと長めに…ガラス飛散防止のシートやフィルムを家中の窓に貼るのはちょっと無理？ 劣化した場合の取り替えも大変そう……そんな場合、カーテンのサイズは少し長めに、床にしっかりついているようにしましょう。

●ハンドバッグは非常持ち出しセットを兼ねる…いざというとき、大きな非常用リュックを取り出している余裕などありません（リュックはあとで掘り出せばよい）。パッと持って逃げ出せるように、いつも持ち歩くバッグ（カバン）に、邪魔にならない範囲で「これがあると便利！」というものを入れておくようにします。こうしておけば、外出時に被災しても何かと役に立ってくれるはず。

ハンドバッグの中身

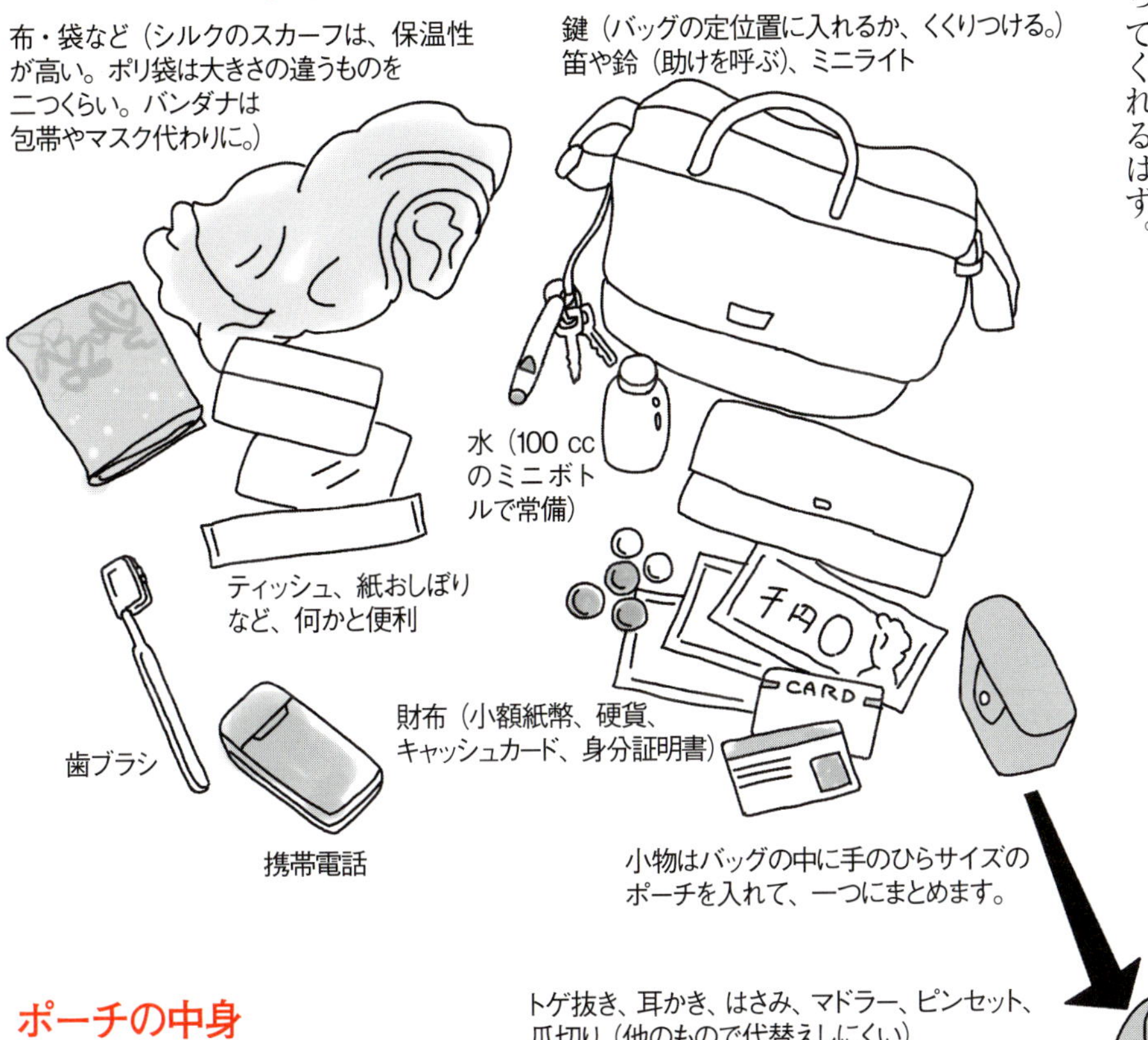
布・袋など（シルクのスカーフは、保温性が高い。ポリ袋は大きさの違うものを二つくらい。バンダナは包帯やマスク代わりに。）
鍵（バッグの定位置に入れるか、くくりつける。）
笛や鈴（助けを呼ぶ）、ミニライト
水（100 cc のミニボトルで常備）
ティッシュ、紙おしぼりなど、何かと便利
歯ブラシ
携帯電話
財布（小額紙幣、硬貨、キャッシュカード、身分証明書）
CARD
小物はバッグの中に手のひらサイズのポーチを入れて、一つにまとめます。

ポーチの中身

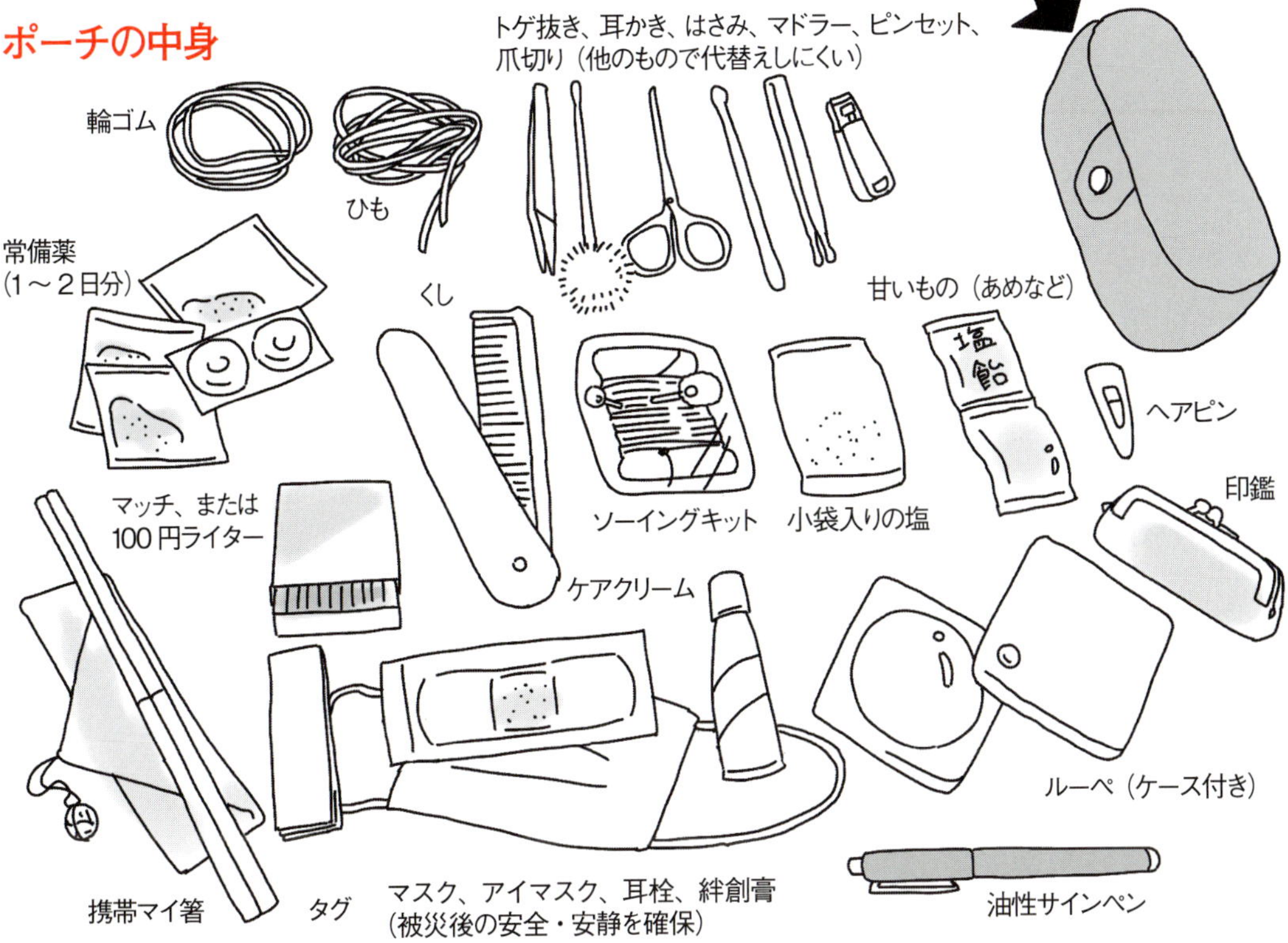
トゲ抜き、耳かき、はさみ、マドラー、ピンセット、爪切り（他のもので代替えしにくい）
輪ゴム
ひも
常備薬（1～２日分）
くし
甘いもの（あめなど）
塩飴
ヘアピン
ソーイングキット
小袋入りの塩
印鑑
マッチ、または100円ライター
ケアクリーム
ルーペ（ケース付き）
油性サインペン
携帯マイ箸
タグ
マスク、アイマスク、耳栓、絆創膏（被災後の安全・安静を確保）

(4)「身ひとつ」で生きのびよう

■とにかく、逃げる！

防災といえば、まず避難袋の準備をしましょうと言われます。でも、モノにこだわっていては、逃げる時期を逸してしまいます。とっさのときにいちばん先にしなければいけないことは「すべてをふり捨てて逃げる」ことです。避難袋を持って逃げることが目的ではありません。じつは江戸時代には、災害で逃げるときに荷物を持たないようにというお触れが出ていました。荷物に火が移って命を落とすことが多かったのです。このお触れが忘れられた関東大震災では、引火で亡くなった人が多かったといいます。大きな荷物を抱えていては、機敏に動くことはできません。身ひとつで生きのびるのが先決です。落ちついてから、ゆっくりと残されたものを取り出していけばいいのです。

なお、ちょっと前までの防災教育では「地震が来たら、まず火を消して」と教えられていましたが、いまはプロパンガスでも都市ガスでも、マイコンメーターがついている場合は、震度5以上の揺れで自動的にガスが止まります。揺れている最中にあわてて火を消そうと近づくほうが危険なので、まず身の安全を確保し、揺れがおさまったらガス栓を閉めることがすすめられています。詳しくは利用しているガス会社のホームページで確認したり、直接問い合わせてください。

■子どもにはモノよりスキルを

子ども用の防災ベストを開発して、癒しのオモチャを入れるポケットまでつけたママの愛情がこもった素晴らしい防災の知恵、逃げるときには必ずこのベストを着て逃げるようにと言い聞かせていますと自信たっぷりにすすめるアドバイザーがいました。でもこれは、とても危険なことなのです。

すぐに目につくところに置いていたとしても、ひとたび地震が起こるとどこにいったかわからなくなるくらいの状態になってしまうのです。ママに言いつけられたベストを探しているうちに逃げられなくなるかもしれませんから、子どもに義務を負わせるのは危険ですと言ったら、ちゃんと幅広の蛍光の帯を張ってあるのでベストはすぐに探せますと反論されました。そんな問題ではないのです。子どもはいじらしいほど、親の言うことを守ろうとします。だからこそ、逃げるときに条件をつけてはいけないのです。

あれこれ準備してやるのは、一見、親の愛情のように見えますが、それが逃げ遅れにつながるかもしれません。親が子にしてやれることは、モノをそろえることではなく、一人でも生きのびることができる力をつけてあげること。まず逃げることができるように。そして逃げたあとは手元にあるモノで自分と周りにいる人のいのちを守ることができるスキルを身につけておくこと。そのいちばんの基本は、どんな状況でも安全に食べることができる「ライフセービングの食育」だと思うのです。

身の回りのものでいのちを守る

ホームセンターやネットショップを見れば、工夫を凝らした防災グッズが大ハヤリ。避難用はしごに折りたたみヘルメット、組み立てトイレにストロー式浄水器……。あれば便利かもしれないけれど、こうしたグッズがないと何もできないの？　と思ってしまいます。防災用に工夫されたグッズは、ふだん使うものではないので、いざというときにどこにしまったかわからなくなってしまいそう。あわてているときに、取り扱い説明書をじっくり読んでいるヒマもありません。

　いつも持ち歩いているもの、手近にあるもので急場をしのぐことやリスクを少しでも減らすことはいくらでもできるはず。

　たとえば大判のショールを持っているだけで、防寒以外にもこんな使い方ができます。

①シルクであれば薄くて軽く、持ち運びに邪魔になりません。天然繊維なので火の粉を避けやすく、ガラスの小さな破片も避けられます。すっぽりかぶります。スカーフでしばって頭巾に。週刊誌を頭にかぶり、スカーフでしばって頭巾に。

②ねじってロープ代わりに。脱出用に。合成繊維より天然繊維のほうが、摩擦熱による手の火傷はしにくい。

③狭いところを通るときも、身体をかばってすり傷防止。

④大きな風呂敷として使えばリュックサック代わりになり、両手を空けられる。スリング風に使えば赤ちゃんやペットを守りながら避難できる。

⑤骨折したときの三角巾代わりに。

ほかにもいろいろなことが考えられます。

- ポリ袋があれば、火災の有害な煙を吸わないための空気袋（応急ボンベ）に。
- 週刊誌を丸めて添え木に。

　ラップやホイルなどのキッチン用品も、被災後の暮らしを安全に衛生的に過ごす強い味方になってくれます（p124参照）。使い慣れないグッズをたくさん揃えるよりも、ふだんから使っているものを柔軟に使う心がまえのほうが、確実でしかも安あがりではないでしょうか。

2 震災直後に必要なこととその準備

(1) 心肺蘇生法

阪神・淡路大震災の早朝、新幹線のガード下のような地鳴りで目がさめ、布団をかぶりました。突き上げる縦揺れ、転がるような横揺れにこの世の終わりかと思いました。たまらなく長く思えた時間のあと、何の音もしない静けさの中で、家族が呼び合いました。娘だけ、返事がありません。大急ぎで部屋に行くと、ふすまが外にゆがんでいます。ふすまをへし折り、娘が寝ているはずのところに積もっている本を取り除いていくと、まず足が見えました。ピクリとも動きません。胸が見えても、胸も動いていません。やっと顔が出てきても、息もしていません。とっさに胸を何度も強く押し、永遠に続くかと思った何十秒か何分かのあとに、娘はようやく息をふきかえしたのです。あと数分遅かったらと思うと、今でもゾッとします。

このとき、無我夢中で胸を押し続けていたのは、数年前に兵庫県の心肺蘇生法普及2万人運動で行なわれていた、ダミー人形を使った実習に参加していたからだと思います。テレビで見ていただけだったら、もしかして娘を助けることはできなかったかもしれません。一度でも、体験していたので、とっさに身体が思い出したのでしょう。

ぜひ、家族みんなで救急救命法の講習を一度でも受けておくことをおすすめします。大震災では、呼べば救急車が来てくれる日常とは違います。そばにいる人しか助けることはできないのです。講習は全国の消防署や赤十字などで実施されていますので、問い合わせてみてください。

胸骨圧迫（心臓マッサージ）

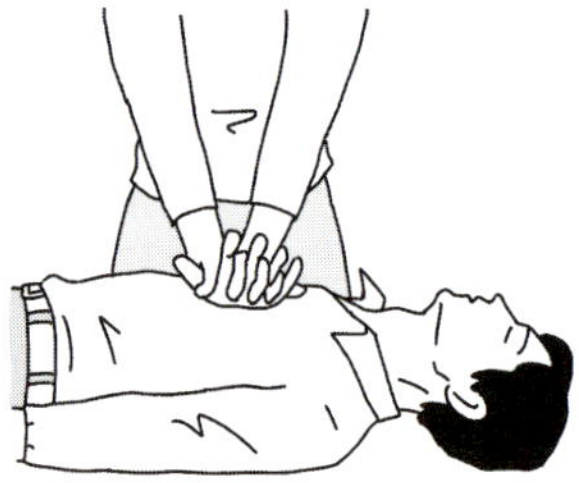

胸骨圧迫の姿勢

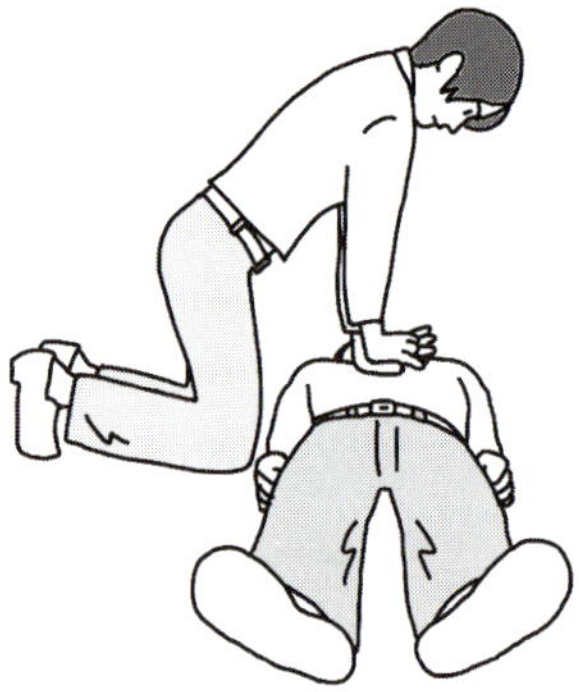

●胸の真ん中（乳頭と乳頭を結ぶ線の真ん中）に、片方の手の付け根を置きます。
●他方の手をその手の上に重ねます（両手の指を互いに組むと、より力が集中します）。
●胸の真ん中を、重ねた両手で「強く、速く、絶え間なく」圧迫します。
●肘をまっすぐに伸ばして手の付け根の部分に体重をかけ、傷病者の胸が4～5cm沈むほど強く圧迫します。
●１分間に100回の速いテンポで30回連続して絶え間なく圧迫します。
●圧迫と圧迫の間（圧迫を緩めるとき）は、胸がしっかり戻るまで十分に圧迫を解除します。

胸骨圧迫部位

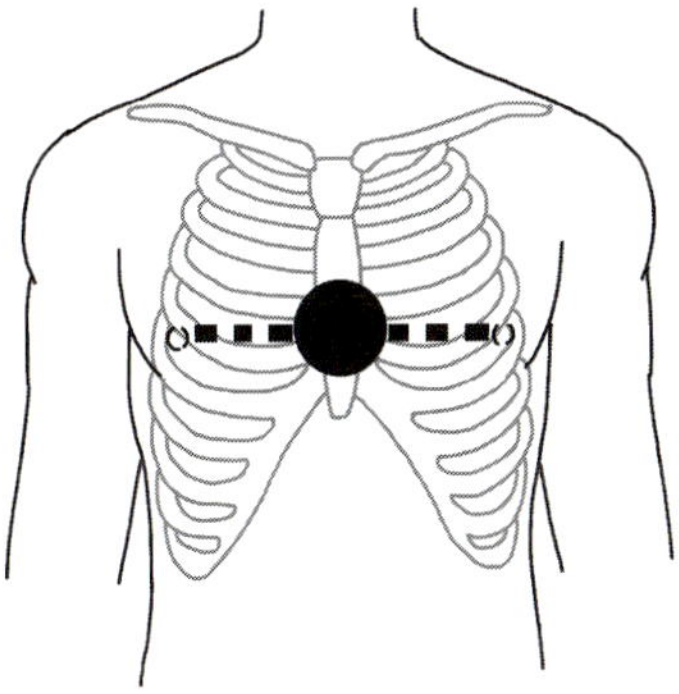

両手の置き方

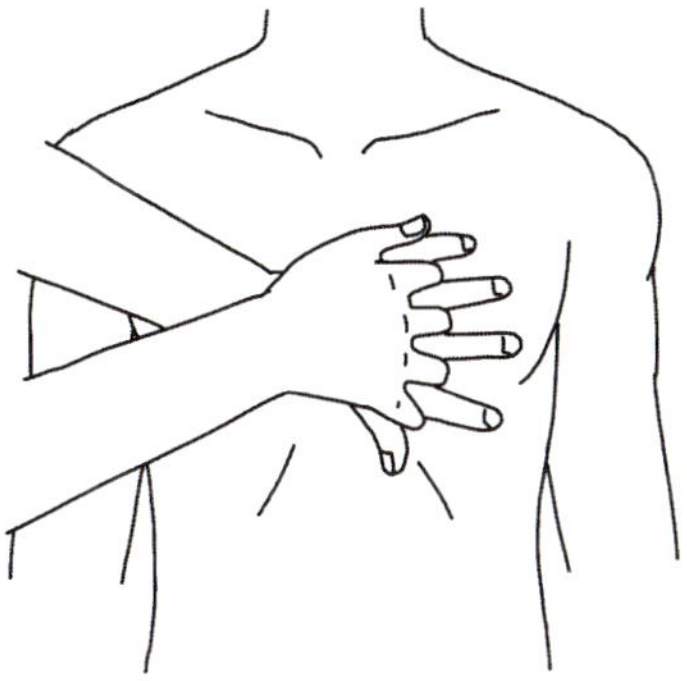

両手の組み方と力を加える部位

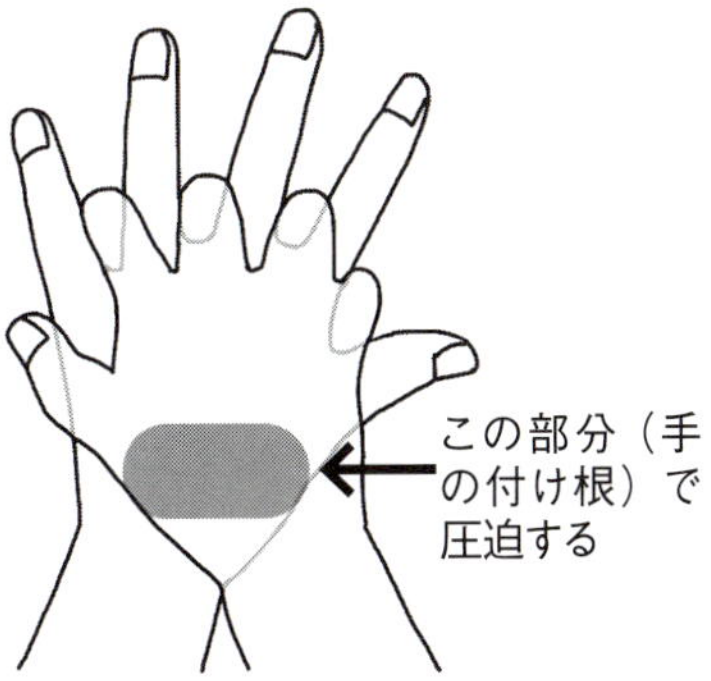

垂直に圧迫する

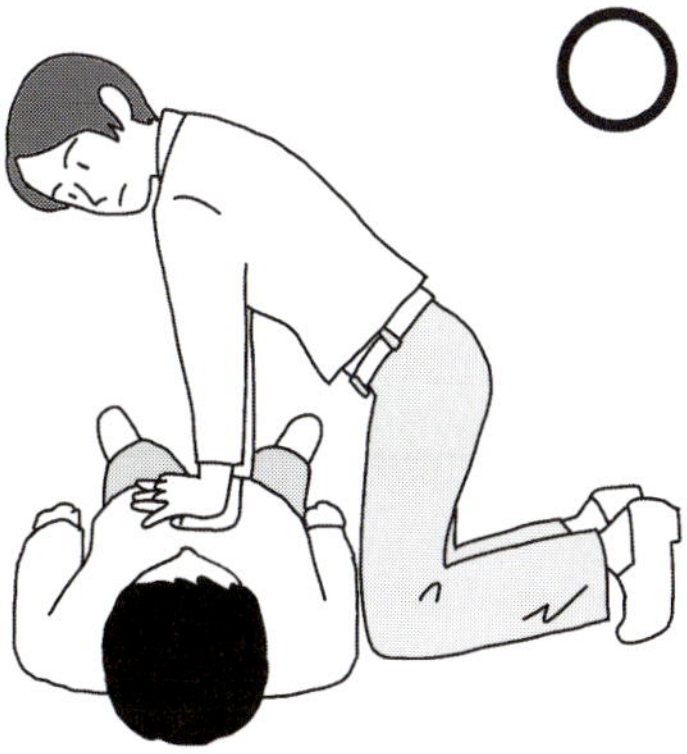

斜めに圧迫しない

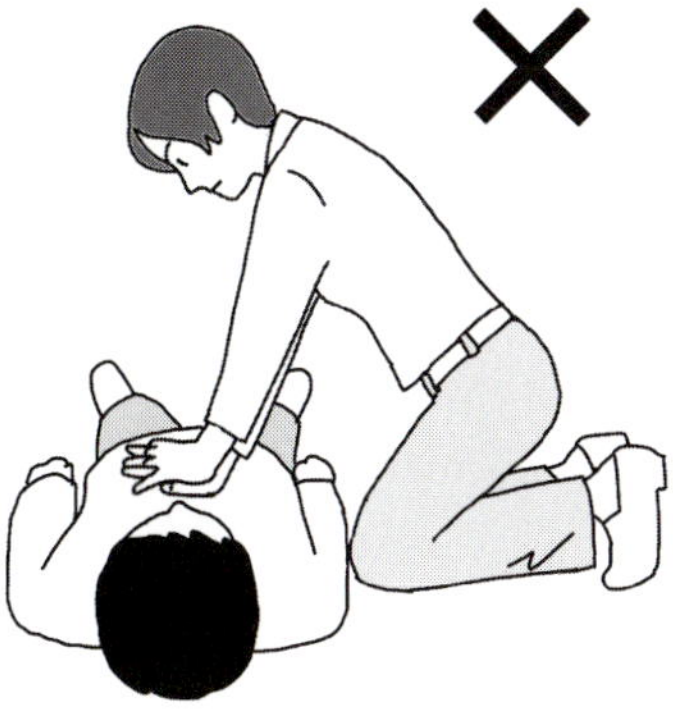

肘を曲げて圧迫しない

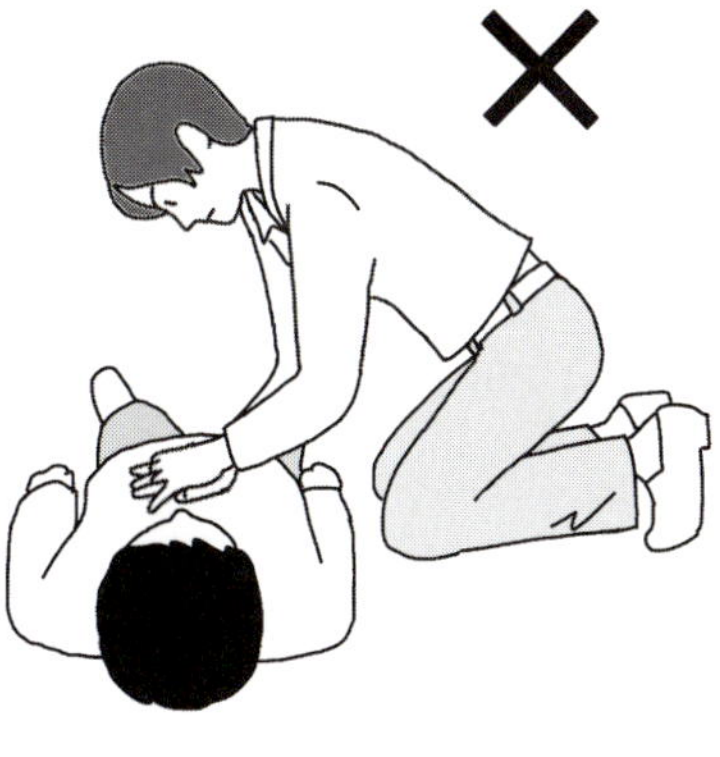

タンス

タンスにはつっぱり棒やくさび形の転倒止めを。ただ、スポットで押さえていても激しい揺れで飛んでしまうこともあります。カラーボックスや段ボールを天井までキッチリ詰めておくのが有効。

天井
壁に斜めにもたれかかる。

観音開きだったら、扉のつまみに輪ゴムをかけておく。
扉の内側にはビニールをピンで止めて垂らしておく。

食器棚

観音開きの食器棚は全開・全壊。これはトビラにつける小さなロックがあったほうが安心。とりあえず輪ゴムで止めておいてもいいのです。ガラスには飛散防止フィルムもいいのですが、ホームセンターなどで売っているテーブルクロス用の透明な厚手のビニールなどを垂らしておくのでもいいのです。引き違いの扉なら、少なくとも半分は飛び出さないので観音開きよりは安心。

(2)家の中の防災心得

電子レンジはおろか、大型テレビだって〝飛ぶ〟のが大地震。阪神・淡路大震災では、家の中での防災ポイントについて意外な発見や「なるほど、ナットク」という体験がありました。タンスの転倒防止器具も、家中すべての家具につけなくちゃ…と思うとけっこうシンドイ。ふだんからちょっと気をつけるだけでリスクを減らせることもたくさんあるので、上手に組み合わせるのが、肩ひじはらない防災のコツかも。

■手づくり〝屋内シェルター〟を

家全体を耐震補強するよりも手軽な方法として、一つの部屋だけは生き残るように強化する屋内シェルターが開発されています。もっと簡単な方法としては、もぐりこめるような大きなリビングテーブルなどを屋内の避難空間（ボイドスペース）として確保しておくことです。組み立て式のテーブルのように大きさはあっても強度がやや不安、という場合は、ホームセンターなどで売っているスチールラックの素材を使って、テーブルを下から支える大きさのスケルトン（骨組みだけ）のシェルターをつくり、テーブルの下に入れておきましょう。

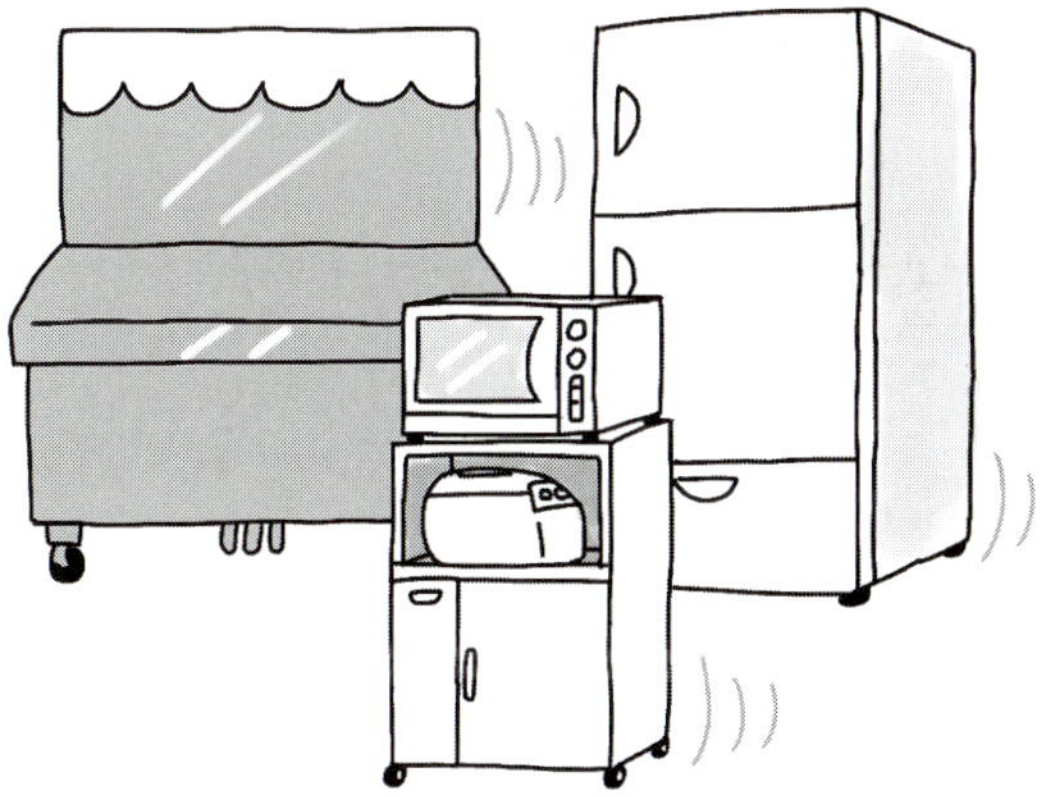

籐の家具

軽い籐の家具は揺れに耐えた。軽いから、倒れてきてもダメージは小さくなります。

キャスターつきのレンジ台やピアノ

キャスターつきのレンジ台やピアノは“一人歩き”になって倒れずにすんだ例がけっこうあります。冷蔵庫も。中途半端な固定よりもいいかも。ただし、タワー型の高層マンションなどでは“歩く家具”は危険物になるかも。

飾り棚の高価な食器

飾っておいた高価な食器は全滅。バザーに出そうと箱に入れておいたものが助かる。大切なものはしまっておくのがいいかも。

ふだん使いの食器

ふだん使いの食器なら、敷物を敷くだけでも倒れにくくなる。カゴに布巾を敷いて茶碗を入れる、箱に並べた状態ですぐ取り出せるようにする、といったひと工夫を。

カーテン

寝室と同じで、カーテンは窓ガラスの飛散防止に長めのものを。室温をキープして節電にもなります。

大きめの台所テーブル

大きめの台所テーブルなど、もぐりこめる避難場所をつくっておきたい。とくにすぐに外へ逃げることができない高層マンションで大事なポイント。大きくても、おしゃれなガラスのテーブルでは避難場所になりません。

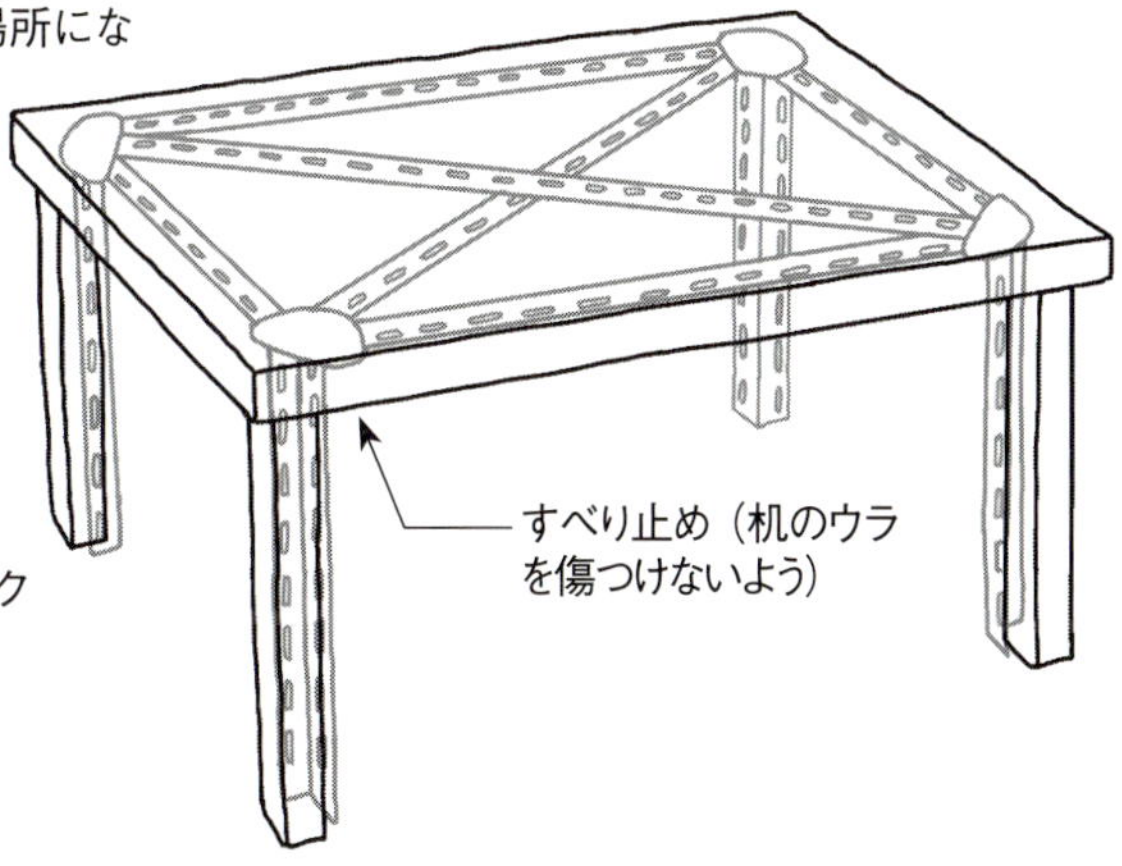

テーブルの下にシェルターを！

ホームセンターなどで売っているスチールラックの素材で工夫しましょう。

3 電気が復旧するまでの食事術

(1) まず、手に入る食料をチェック

■救援は、最低でも3日間は「ない」と思って

家族は無事だった、家もなんとか持ちこたえている、となったら、この中で何とか生きていくことを考えます。大規模災害の場合、消防も病院も被災します。助けの手はまず「ない」と思ってください。道路や鉄道も寸断されて、物流がストップします。家族で、また近くでいる者同士で助け合っていくしかないのです。

避難所に入れる人数にはどうしても限りがあります。家が残った人は自宅避難、家が潰れても避難所に入れなかった人は、公園などにテントをはって暮らすほかありませんでした。

なんとか助かったとしても電気・ガス・水道のライフラインは止まっています。そして、まず3日間は救援物資も何も届かないと思ったほうがいいでしょう。阪神・淡路大震災のときは避難所に配給が始まったのが3日目、自宅避難者への配給は6日目からでした。東日本大震災で交通が遮断されて孤立した地域では、救援の手が届くまでもっと時間がかかりました。それまでは、とにかく、身の回りにあるもので生きていかないといけないのです。

■あるものをチェック、食べつなぐ計画を立てる

まず最初は、何が残ったか？ のチェックです。冷凍食品や生の肉・魚、保存の効かない野菜などから食べはじめ、もしくは火を通したり調味料漬けにして延命策をとります。そして缶詰や乾物などで家族が何日食べていけるかを考えます。

近くのお店では在庫を販売してくれるかもしれません。こういうときに役立つのは1万円札よりも１０００円や５００円、１００円といった小額紙幣・硬貨です。

幸運にも安全な避難先へ移れるメドが立った人は、置いていく食材や生活用品を残る人に使ってもらいましょう。非常時にはお互いさまで、限られた物資を融通し合うことが大切。食材や燃料や水が集まれば、残った人で炊き出しもできるようになります。

①まず、食料を確保！

冷蔵庫が倒れたり傾いていたりしたら起こし、トビラを閉める。

中身が飛び出て、食器棚の食器の破片とまぜこぜに。

危ないので必ず靴を履く。バターや味噌の中にガラス片などが入っているかも。注意！

②ストック食料をチェック！

どれが大丈夫かな？
常温保存のものは大丈夫
小麦粉

パスタは1回分ある
米はまだ５キロある……

スパゲティ
米
生ものは早く食べるか延命策を

③傷みやすいものは延命策をとる

肉・魚

冷凍庫は、停電していても少しのあいだは冷蔵庫として使える。

火を入れることでもちがよくなるものは加工しておく。肉・魚／ひき肉／冷凍エビ／ハム・ソーセージも冷蔵できなければ生肉と同じと考えて加熱を。

たとえば調味料漬け

基本は「醤油1：みりん1」
バリエーションとして「醤油2：みりん1」（鶏肉・牛肉・魚に向く）、「味噌2：みりん1」（ゴマを入れると香ばしい。豚肉に向く）、「酒6：塩1」（ハムのような風味。鶏肉・豚肉・魚に向く）

①ポリ袋の中に調味料を入れてよく混ぜ

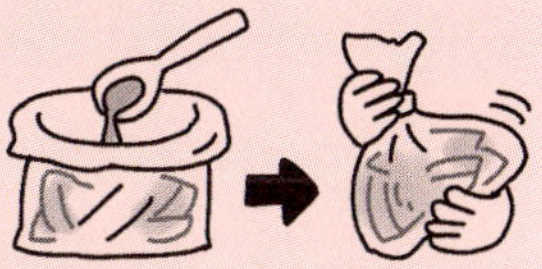

②肉・魚を入れて全体によくまぶし、

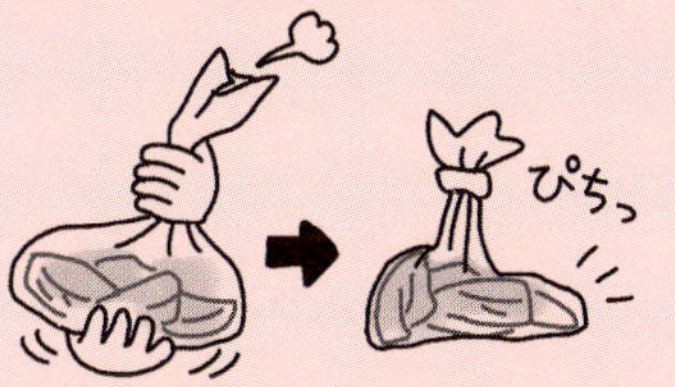
ぴちっ

③絞り出すように空気を抜き、袋の口を結ぶ。あとは焼いても炒めてもいい。

④避難する人は、残る人に物資をゆずっていこう

使ってください

冷蔵庫に入らない青菜やソーセージは保冷剤と発泡スチロール箱に入れておこう

(2)安全に食べるために「食中毒」と「裸の火」にご用心！

被災後は、ふだんの暮らしとはまったく違います。冷蔵庫は使えない、手や食材をじゅうぶんに洗う水もない、ゴミ処理やトイレも不自由となると、食中毒のリスクが高まります。また、ふだんはキッチンに置かれたガスコンロや電子レンジを使っている人が応急の熱源を使うと、思わぬ事故を引き起こしがちです。当たり前のようで、つい忘れがちな安全のキホンはみんなで徹底して再確認しましょう。

■食中毒を防ぐ
「菌をつけない」「殺菌する」「増やさない」

①食材に素手で触ったり、まな板を使う回数を減らします。ポリ袋を手袋代わりに使う〝紙一重調理〟やキッチンばさみやピーラーで切る〝空中調理〟、ポリ袋に入れて外からもんだり混ぜたりする〝ポリ袋調理〟を組み合わせましょう。

②殺菌のためには加熱が基本。火を使う料理が多くなるので、p26からの燃料節約料理術を駆使しましょう。

③料理してから時間をおくと雑菌が繁殖しやすくなります。つくり置きは増やさず、あっても再加熱を徹底してください。電気が復旧していれば、内側から温められる電子レンジを活用して汁気のないものも再加熱。汁物はＩＨで。

食中毒にご用心

紙一重調理

空中調理

ポリ袋調理

■裸の火は換気と引火防止を

①ガス、炭、マキ、ローソクなど、裸の火はすべて一酸化炭素を発生させます。ニオイもなく「おかしいな」と思ったときには手遅れということが多い一酸化炭素中毒。防ぐには、使っているあいだは寒くても窓を10㎝あけておきましょう。

②「火のそば」「火の上」に注意。ふだんローソクを使い慣れていない人は、意識せずにカーテンのすぐそばで使ったりしてしまいます。火の上に燃えやすいものがありませんか？

③「火の下」もご用心。小さい皿にローソクを立てただけでは、もし倒れたら火事になってしまいます。大きな皿やお菓子の缶などを使いましょう。七輪も、長時間使っていると底が熱くなります。室内ではレンガのゲタをはかせるなどの注意を。

裸の火にご用心

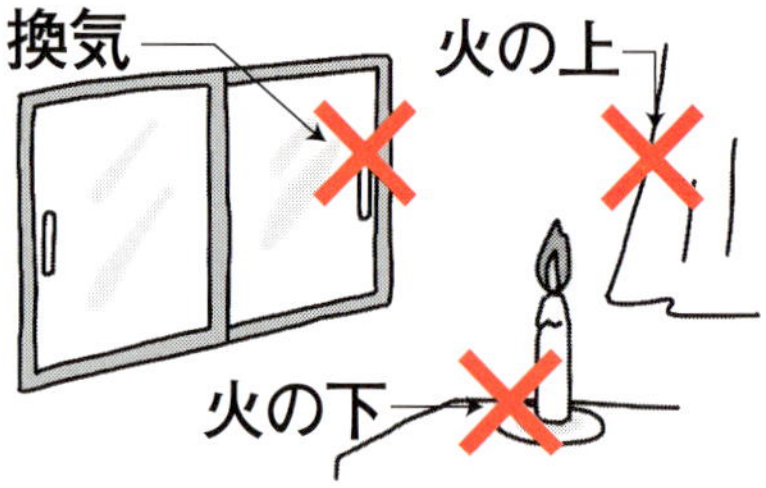

（3）熱源の確保

■カセットコンロ

電気もガスもない中で手軽な「火」の代表はカセットコンロ。アウトドアのキャンプ用コンロでもいいのです。ただし、ボンべがなくなったらおしまい！　なので燃料を節約する料理法を工夫します（p26参照）。

　便利なカセットコンロですが、間違った使い方でボンベを過熱させてしまい、爆発する事故が毎年起きています。イラストのような使い方は絶対にしないでください。

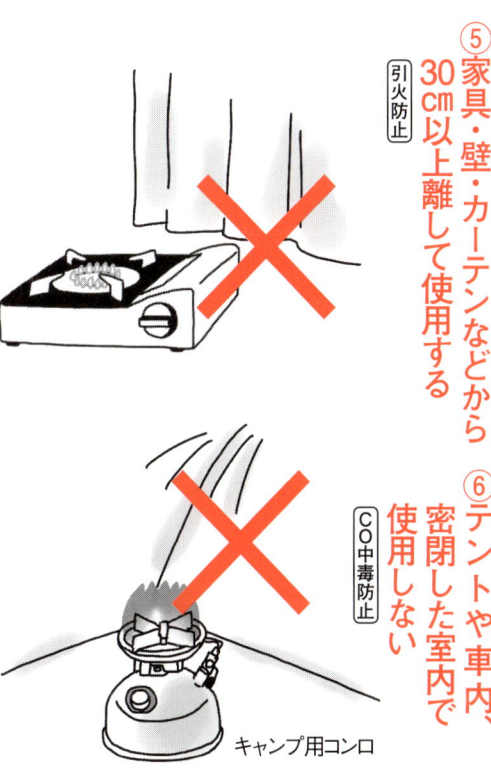

カセットコンロ「これは危険！」
―ボンベを過熱させないで―

①大きな鍋を使用しない
過熱防止

②2台以上並べて使用しない
過熱防止

③大きな台つきの魚焼き器を使用しない
過熱防止

④ストーブの近くで使用しない
過熱防止

⑤家具・壁・カーテンなどから30㎝以上離して使用する
引火防止

キャンプ用コンロ

⑥テントや車内、密閉した室内で使用しない
CO中毒防止

裸の火の扱い方

就寝前、外出時に確認を

炭火は必ず完全に消えていることを確認する。火消しつぼや七輪のフタをしても数時間は燃焼している可能性があり、一酸化炭素が発生している。

火消しつぼ

燃え残った炭は火消しつぼに入れる。消し炭になり次回の着火に便利。

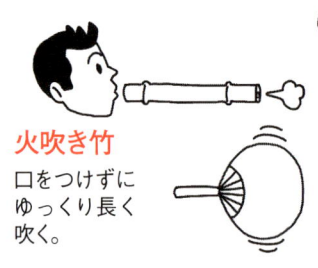

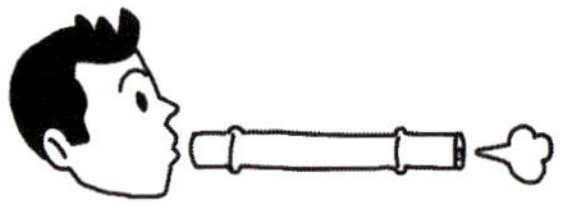

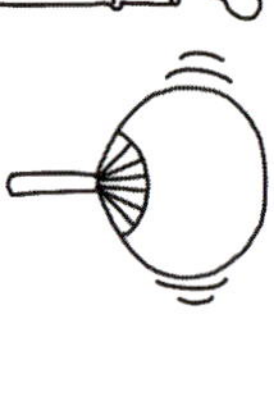

火吹き竹

口をつけずにゆっくり長く吹く。

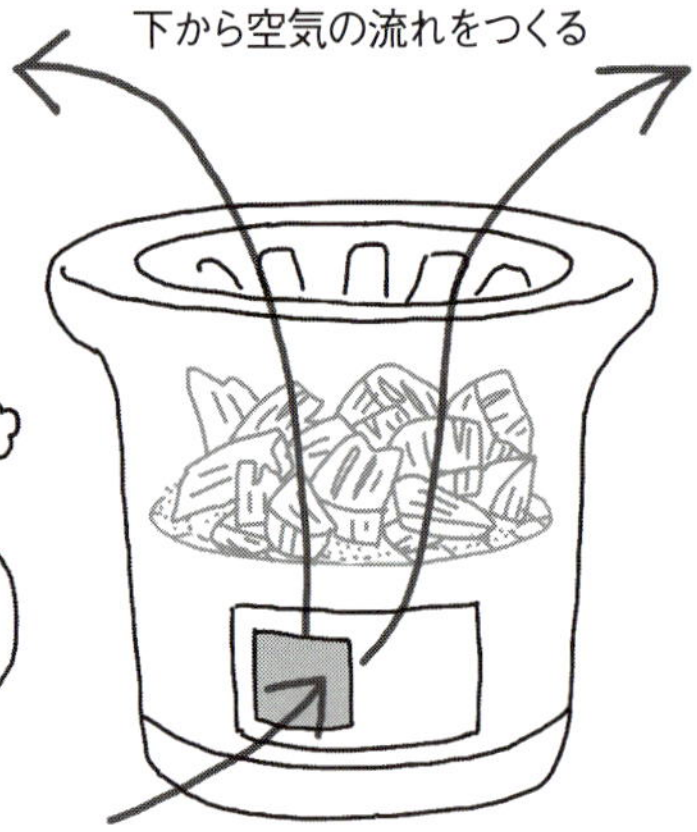

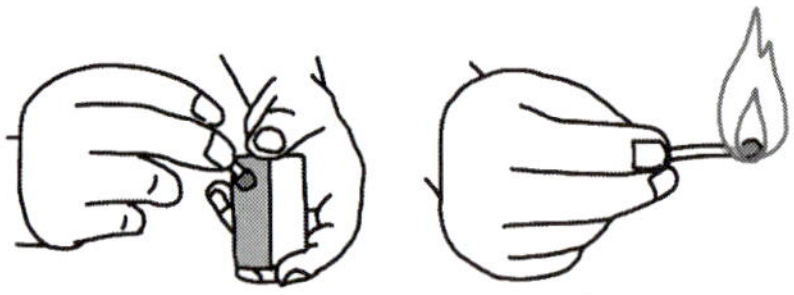

マッチの使い方

マッチは、一本ずつ使う。3本の指で、しっかりと持ち、マッチ箱のすりかわに、こすりつける。火がついたマッチを横に向けておくと、ゆっくりと燃える。

その場を離れない！

何かが飛んできて引火したり、子どもが触ったり、ペットが転倒させたり、思いがけない事故が起こることも。

■七輪

炭火で調理する昔のコンロ。いま、持っている人なら基本的な使い方はわかっていると思いますが、「おばあちゃんが使ってた七輪が出てきたけど、使い方がわからない」という方のためにポイントを紹介します。

①着火は気長に…マッチ1本では火はつきません。木切れなどの着火材を下に入れ、そこにマッチで火をつけた紙などをさしこんで木に火をつけて、炭に火を移します。最初は大きな炭よりも割れて小さくなった炭のほうが着火しやすい。

②じんわり焼くのが得意…うちわでバタバタあおいで炎があがっている状態だと、炭が早く燃えてしまいます。真っ赤になった炭の輻射熱と赤外線でじんわり、じっくりあたためるのが炭火の得意ワザ。この状態だと、いい炭なら数時間もちます。火がついたあとは空気孔もあまり広げないでいいのです。

③消すときは、水かけは厳禁！…燃えている炭が入った七輪に水をかけると、水蒸気がバッとあがって危険です。七輪も傷みます。火消しつぼに入れる（消し炭となって、次回の着火に便利）、水をはった金属性のバケツ・缶などに炭を一つずつ入れる（よく乾燥させればまた使える）などで確実に消します。もしくは、ヤカンなどを置いてお湯を用意するのに使いながら燃え尽きるのを待ちます。

レンガを使った炭コンロのつくり方

①金網の大きさに合わせて レンガを並べる

②地面に炭を敷き、火をおこす

炭の多いところと少ないところをつくり、鍋の置き場所で強火・とろ火を使い分ける。

③金網を置いて、柄などにプラスティックが使われていない鍋やボウルで調理する

ステンレスのボウル、空き缶、ホーロー鍋、鉄のフライパン、アルミホイルで包んだ包み焼きなど。

④消すときは砂か土をかけ、水を少しずつかける

いきなり水をかけると灰と蒸気が舞い上がり危険。

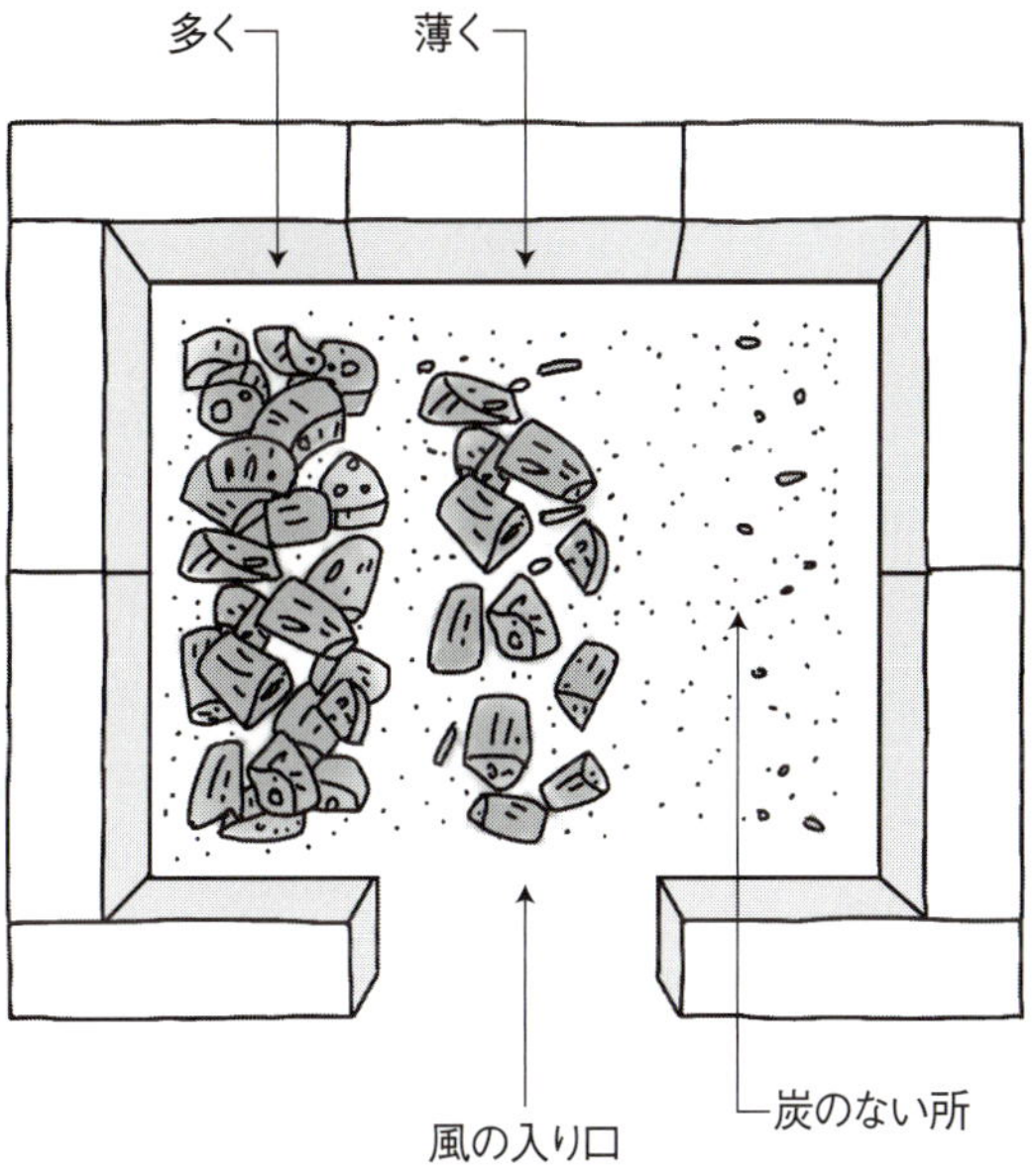

多く
薄く
風の入り口
炭のない所

炭が多いところは強火だね
ステンレスなべ
ホーローなべ

着火剤の追加は禁止！火事のもと

■レンガ＋炭で即席コンロ

庭に、花壇の仕切りに使っているレンガはありませんか？レンガと金網、炭があれば、即席でコンロができます。次ページで解説する即席カマドに比べると、炭火は鍋からあまり離したくないので、レンガの高さが炭火のエネルギーを効率よく使うのにちょうどいいのです。

このコンロなら、ステンレス製のボウルや空き缶など、金属の器ならなんでも煮炊きに使えます。ただし、柄にプラスティックがついたものは熱で変型したり壊れてしまうのでご用心。ふだんから、鍋もフタも持ち手もすべて金属でできた大鍋を一つくらい持っておくといいですね。

■ブロック＆ペグで即席カマド

炭を常備している家もいまは少ないかもしれません。笑い事ではありませんが、燃やすマキは壊れた家からいくらでもとれます（泣）。アウトドア慣れした人ならば石と木の枝でコンロもつくれるでしょうが、町の中では少し備えが必要です。

ブロックは、壊れた塀から調達できるかもしれませんが、ふだんから庭仕事の踏み台用などに3～5個くらい持っておくといいでしょう。マキは炭火と違い炎があがるので、レンガよりも高さが必要です。囲いとしてはブロックが適任で、高さはペグで調節します。

ペグはロープを通す穴のあいた鉄の棒で、大きなホームセンターなどで売っています。アウトドアでテントをはるときにも使うので、小さいものやおしゃれな形のものもありますが、質実剛健なものがいちばん便利です。

・長さは55㎝以上はほしい（工事用ペグがおすすめ）。
・プラスティックのものもあるが、必ず金属製で。
・ロープをかける部分が輪になっているものを。

工事用のペグを使ってカマドづくり

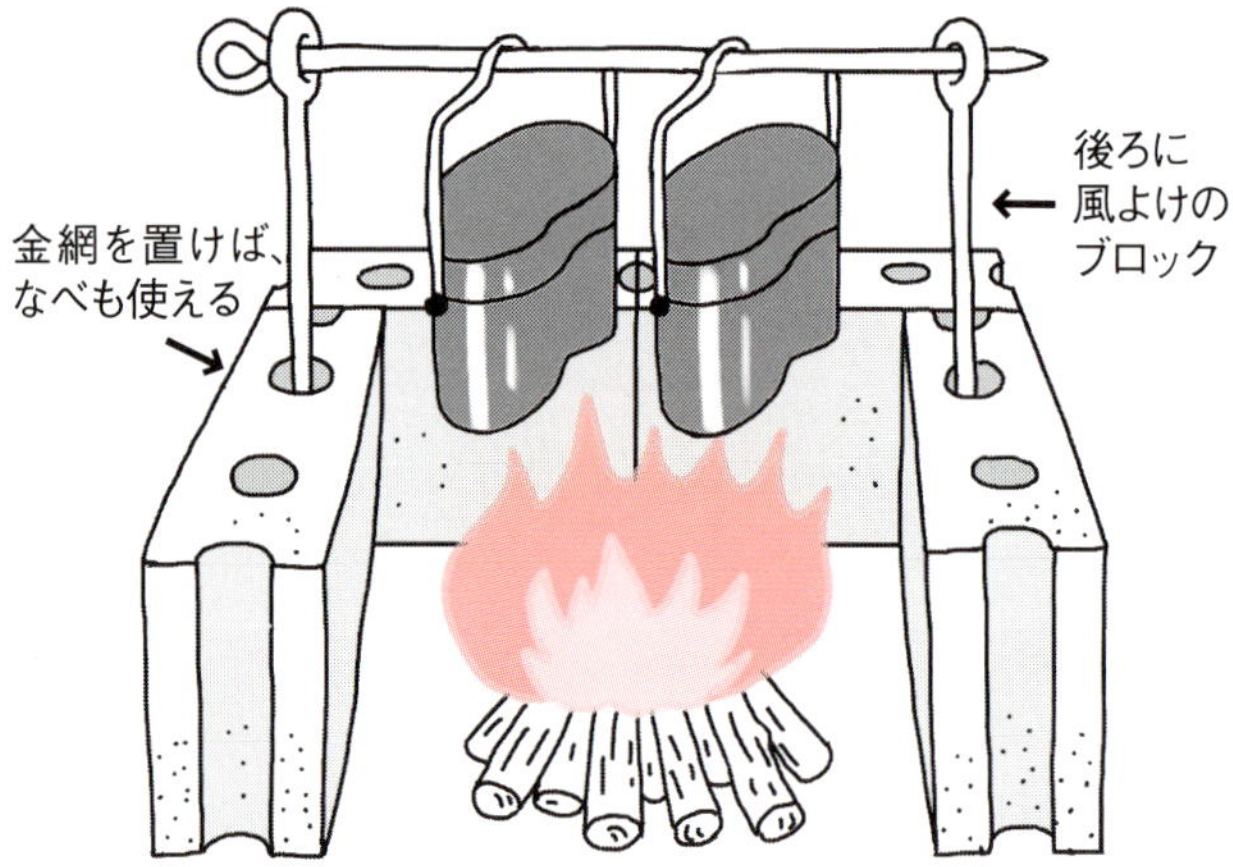
後ろに
風よけの
ブロック
金網を置けば、
なべも使える

木っ端のつくり方

大きな廃材をマキにするには、ノコギリやオノ、ナタが必要になります。ナタの安全でラクな使い方も、ふだんからマスターしておきたい。

一般的な方法

トントン

①刃を密着させたままマキを持ち上げ、軽くトントンとマキ割り台に打ちつける。
②1㎝ほど食いこんだところで両手で、ナタが食いこんだマキを、マキ割り台に徐々に強く打ちつけて割っていく。

より安全な方法

トントン

明るさ倍増、アルミ缶ランプ

どんなときでも光はほしい。被災地での明かりのない夜は心細くもなります。小さなローソクの火も反射で明るくしてくれる廃品利用のランプ。安定もよく、持ち歩きもラクで大活躍しました。

〈材料〉

ジュース・ビールの500ccアルミ缶
ローソク（長いものは切ってつかう）

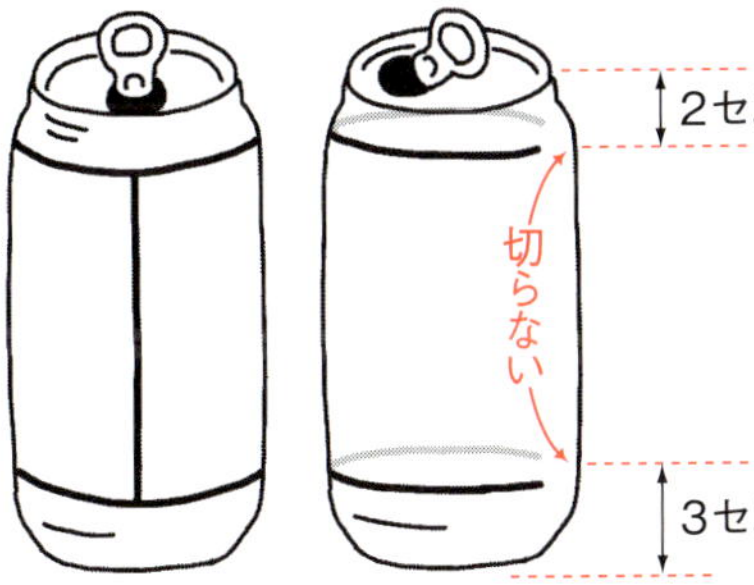

2センチ
切らない
3センチくらい

① 上の図のように切る。カッターを使うとラクにきれいに切れる。

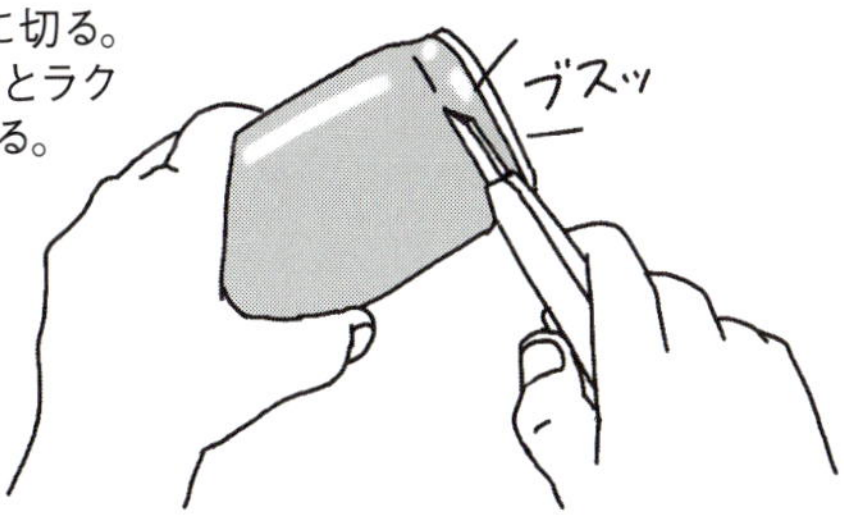

ブスッ

＊カッターやアルミ缶の切り口で手を切らないよう注意！

② タブの側を起こし、パネル部分を左右にひらく。

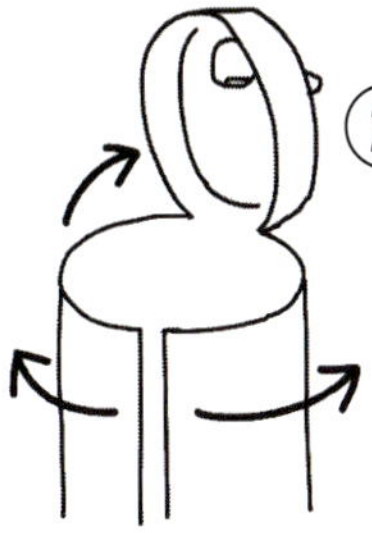

③ ランプの底に溶けたローソクをすこし多めにたらし、ローソクの根元をくっつける。

缶底が丸く盛り上がっているので平にたたいておくとつけやすい。

火にかぶせると熱くなるので起こす。
ここが反射板になり明るさ倍増

プルタブをつまんで持ち歩く。

ローソクの代わりにこんな方法も

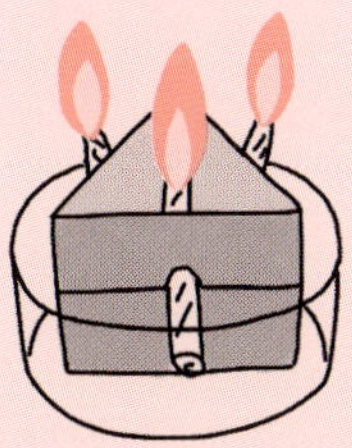

ティッシュペーパーをひも状にし、図のようにアルミホイルで立たせ、下からサラダ油をしみこませると即席の灯芯ができます。

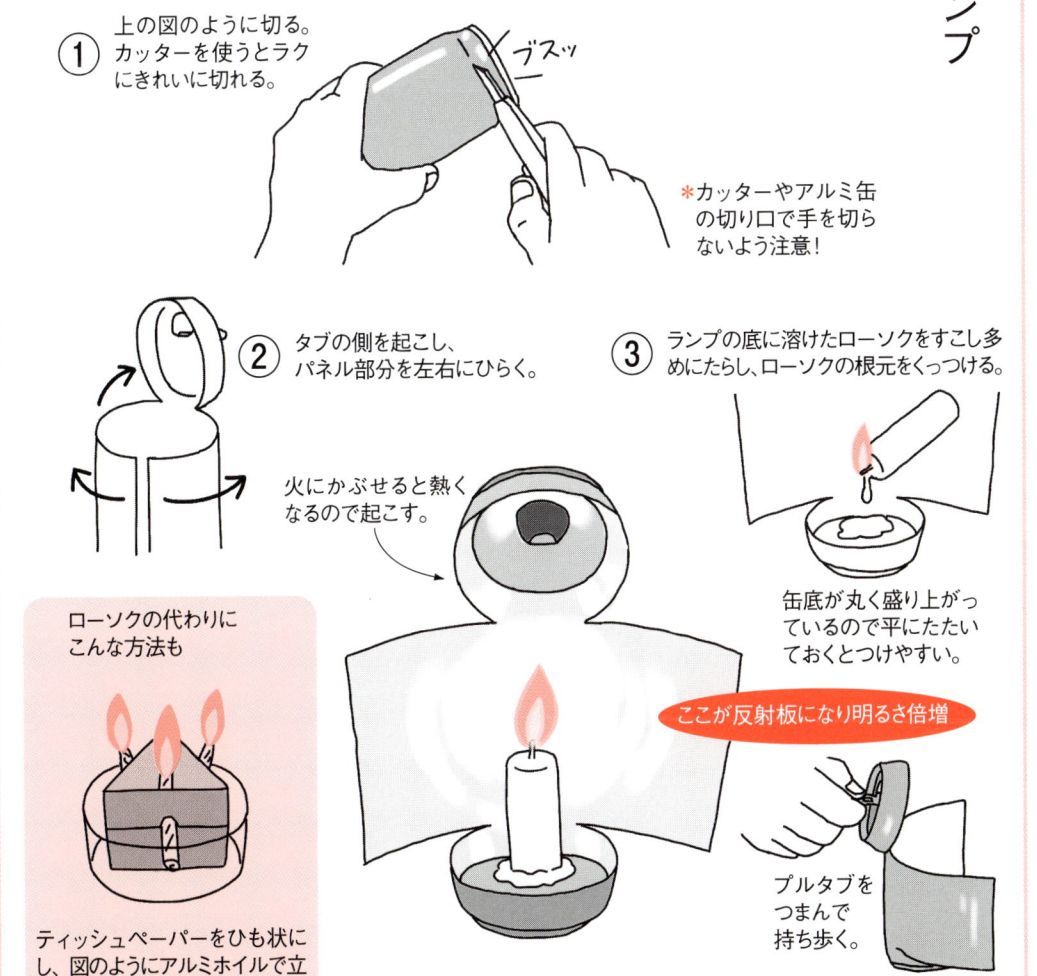

＊「(財)市民防災研究所」では、アルミ缶とサラダ油でコンロをつくる方法を公開しています。他の手段がないとき、参考にしてください（http://www.sbk.or.jp/）。

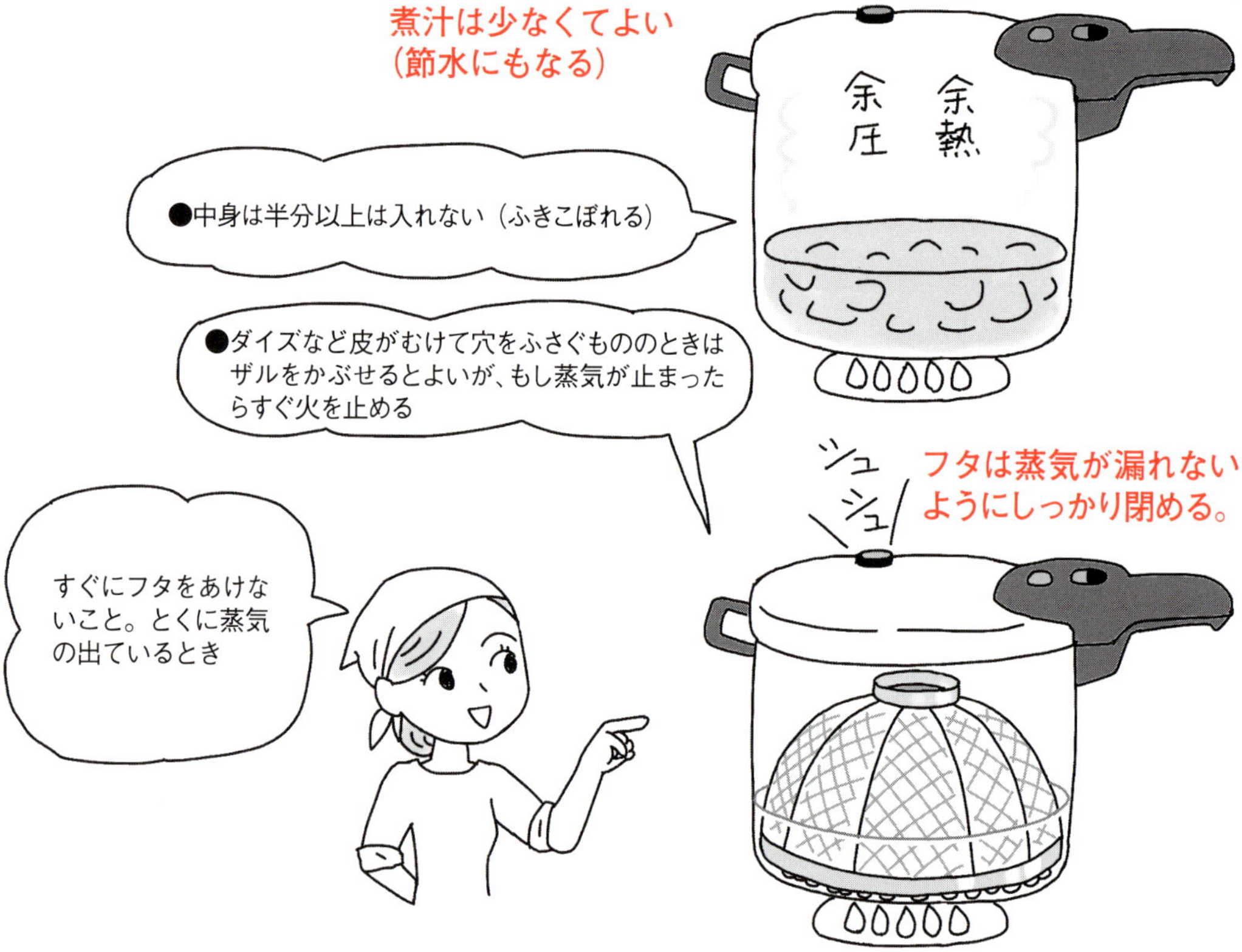
煮汁は少なくてよい
（節水にもなる）
余熱
余圧
●中身は半分以上は入れない（ふきこぼれる）
●ダイズなど皮がむけて穴をふさぐもののときはザルをかぶせるとよいが、もし蒸気が止まったらすぐ火を止める
シュシュ
フタは蒸気が漏れないようにしっかり閉める。
すぐにフタをあけないこと。とくに蒸気の出ているとき

（4）燃料節約料理

火が確保できたら、今度は貴重な燃料をなるべくムダにしないで料理する工夫をします。被災地では衛生面の不安も増えるので、加熱すべきものはしっかり加熱しながら、できるだけ効率よく料理できるようにしましょう。

■圧力鍋

フタが密閉できるようになっており、煮物でも中が１００度以上になるので、火にかけるのは短時間でよい。ふつうの鍋でごはんを炊くなら、沸騰してから15分は炊いていないといけませんが、圧力鍋なら沸騰してからは3～5分炊いて、あとは火からはずして10分蒸らせばできあがり。

圧力が強くかかり、余熱がゆっくり冷めていくので、肉やお豆をやわらかく煮るのが得意です。

少ない煮汁の焦げつき防止に

もち焼き網を底に敷きます。ケーキクーラーをひっくり返して底に置いてもよい。

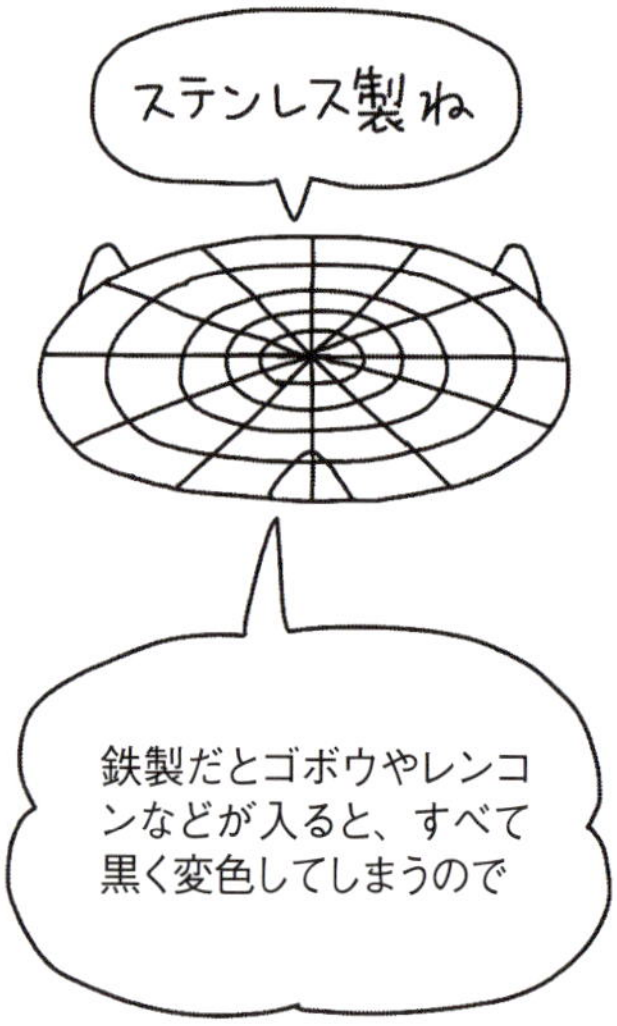
ステンレス製ね
鉄製だとゴボウやレンコンなどが入ると、すべて黒く変色してしまうので

これでもOK！

鍋カバー

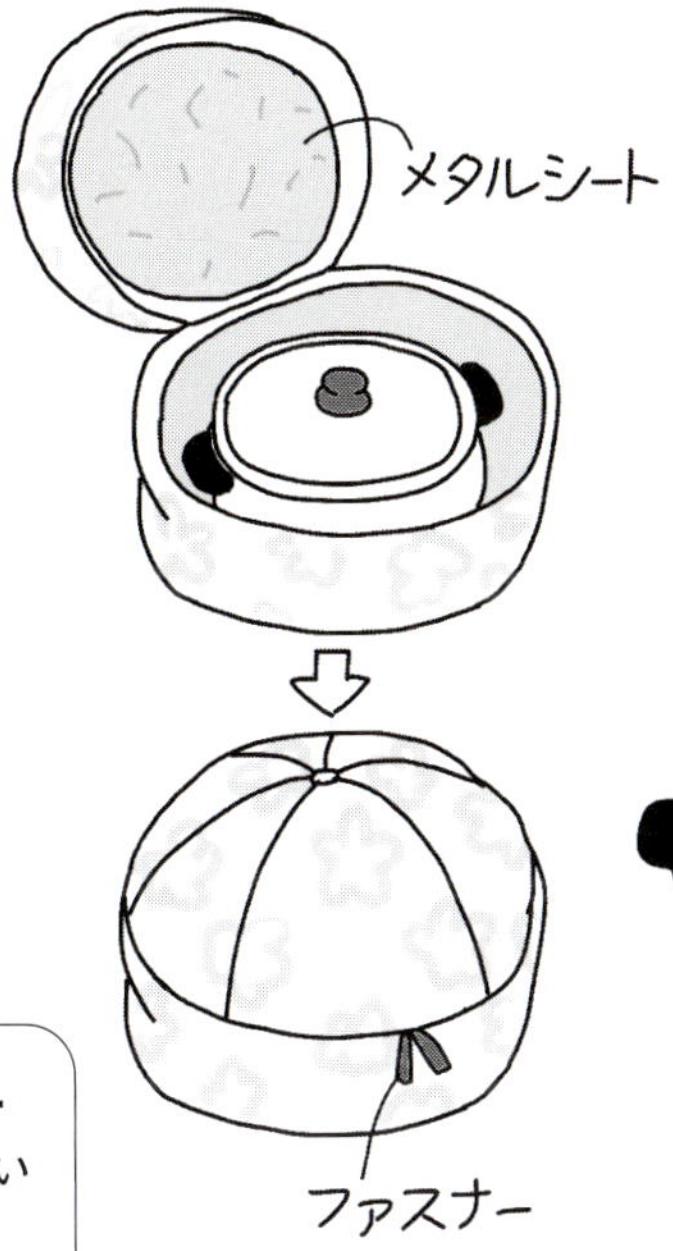

保温ガマ

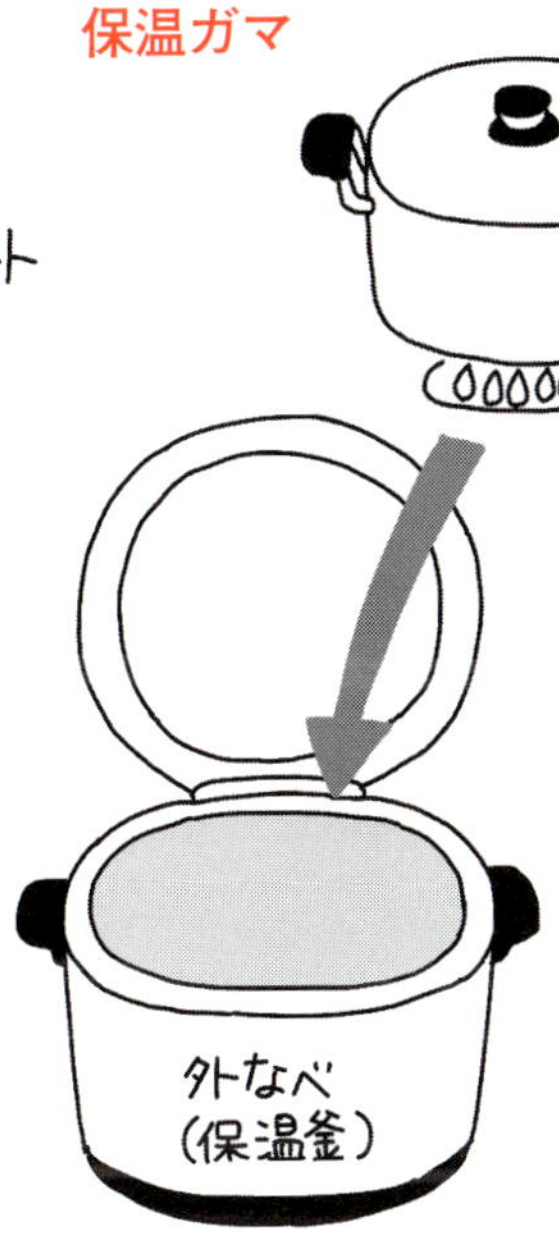

■保温調理

スープや煮物をつくるのに、いつまでも沸騰させる必要はありません。それよりも煮汁の熱をできるだけ逃さず、具材の芯までじっくり熱が通るようにするのが大事なのです。また、煮汁が煮立っているときよりも、少しずつ冷めていくときのほうが味がよくしみこむのです。

そこで、内鍋と外鍋（保温ガマ）がセットになった保温調理鍋が売られています。あれば便利ですが、なくてもとにかく火から下ろした鍋が冷めないように毛布で包む！　発泡スチロールの箱に入れる！　など、熱を逃がさない工夫をしてください。

フライパン調理でも、フタをするだけで保温効果が高まります。少ない水で煮こみ料理をするなら、次のようなレシピも重宝します。ＩＨヒーターが使えるなら、スイッチを切ってもフライパンを置いたままにしておくと余熱が長続きします。

ヨーグルトチキンカレー

保温調理の原理を応用した、少ない水分でつくる煮こみ料理です。

材料（4人分）

鶏肉（もも）……………………300g
ヨーグルト…………………1/2カップ
タマネギ………………………1個
ニンジン……………………1/2本
ニンニク………………………1片
薄切りショウガ…………………1枚
油…………………………小さじ1
A：ケチャップ………………大さじ1
　ウスターソース…………大さじ1
　醤油………………………大さじ1/2
　カレー粉…………………小さじ2
　水…………………………1/2カップ
米粉…………………………小さじ1

つくり方

1. 鶏もも肉は4～5cm角に切りニンニク、ショウガ、ヨーグルトとともにポリ袋に入れ、空気を抜いて30分以上漬けこむ。
2. タマネギは2cm幅のくし切りにしてさらに半分に切る。ニンジンは2cmぐらいの乱切りにする。
3. フライパンに油をひき、1の肉をヨーグルトごと入れて炒める。
4. さらに野菜を加えて炒める。Aを加えてフタをして野菜がやわらかくなるまでしばらく煮る。フタをしたままで火を止めたら5分置き、水分が減ったら米粉を振り入れよく混ぜて透明感が出たらできあがり。

本来ならば

1　たっぷりの湯でゆでる

2　ザルにあけて…

3　だし汁に２を入れる

水がないときはこの方法で…

1 だし汁と具を煮て味をつける

2 めんを折って入れる

3 すぐかきまぜて、煮えればできあがり

■乾めんの省エネゆで

乾めんは貴重な主食の保存食。ふつうはまず、たっぷりの湯でゆでて、別につくった汁に入れたり、水で洗って（しめて）から食べたりします。燃料も水も限られた被災現場では食べられない？　と思うかもしれませんが、そこは発想の転換。味をつけた汁で直接煮てしまいましょう。そうめんなど細いものはとくに早く煮えるので、さっさとつくれる省エネクッキングになります。

しかもめんには塩分があるので、煮汁に味もつきます。めんをゆでた汁にはとろみがつくので、食べごたえのある腹もちのいい食事になります（ただし、もとからとろみをつけた汁で乾めんを煮ようとすると、なかなか芯まで煮えないので注意してください）。

そうめんと少しの水に醤油味で和風、パスタとトマトジュースでつくればミネストローネ風と、冷蔵庫が使えないときに心強い「ごはん」の味方です。

トマトパスタ

材料（フライパン適量）

水	2カップ
パスタ	120 g
トマトジュース	1缶（160mℓ）
ツナ缶（小）	1缶
コーン	1/2缶（70g）
パセリ（あれば）	一枝
黒コショウ（粒）	少々
醤油	小さじ1

つくり方

1. フライパンに水を入れパスタを折って入れて５分ほどゆでる（パスタの表示の半分の時間でゆでる）。

2. トマトジュースを入れて、ツナとコーンを入れて温め、表示時間の残り半分で混ぜながら煮る。

3. パスタがやわらかくなったら、できあがり。醤油と粗びきコショウで味を調え、パセリをはさみで切って散らす。

炊飯器に頼らないごはんの炊き方

保存の効く主食の代表はなんといっても「お米」。パンやめんもありがたいけど、身体が疲れて心も不安定になっているときは、やっぱり白いごはんを食べるとホッとするのは、日本人のDNAでしょうか。それも、炊きたてのごはんならば最高。

でも炊飯器が使えないからごはんが炊けない？ 大丈夫、ほんの50年前まで、日本人は何千年も電気なしでごはんを炊いてきたのです。ちょっと厚手の鍋を使って、おいしいごはんを炊きましょう。

ごはんを炊く

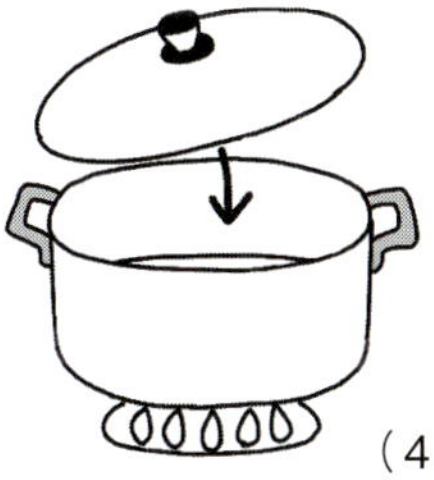

1 鍋にといだ米を入れ、分量の水を入れて30分以上吸水させておく。フタをして強火にかける

（４人分） 米　２カップ（320ｇ）
水　480cc

2 小さな泡がでて、あふれそうになったら火を弱める（ごく小さな火）

3 12分たったら
もう一度火を強くし、
そのまま30秒数える

4 火をとめて10分
そのままにして蒸らし、しゃもじで切るようにしてまぜる

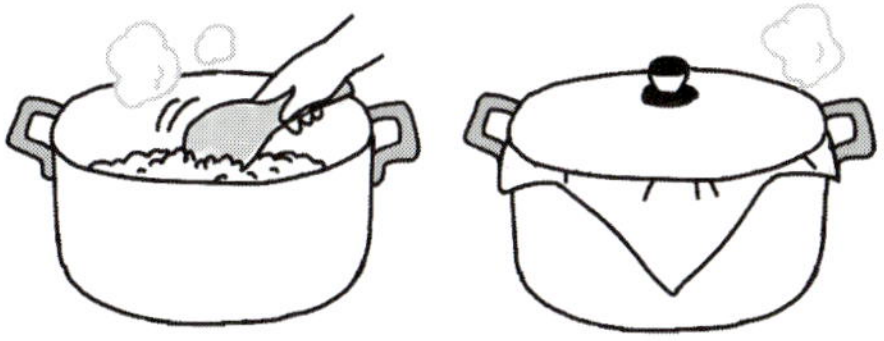

布巾をかぶせてフタをしておく

ポロ（ピラフ）

材料（４人分）
- ●鶏もも肉　300ｇ
- タマネギ　1/2個
- ニンジン　１本
- トマト　２個
- 米　1と1/2カップ
- 水　1と1/2カップ
- 油　大さじ１
- 塩　小さじ2/3

鶏肉は焦げ目がついたら取り出す

1、米は洗って吸水させておく。4等分した肉を両面焦げ目がつくまで焼いて取り出す。そのフライパンでみじん切りにしたタマネギを炒め、キツネ色になったらみじん切りのニンジンと水気を切った米を加え炒める。

2、米に透明感が出たらざく切りのトマト、水、塩を加えてフタをして15分、肉を戻し5分煮こむ。水気がなくなれば火を止め蒸らす。

蒸らして完成

4 水を大切にしながら、衛生的に調理する

水を受けるものいろいろ

深いナベ
バケツ
ペール
2ℓ
ペットボトル
ガムテープで補強した
段ボール箱

大変なのは水運び！

台車やカートは必需品です
停電だとエレベータ、とまるんだよ
一度にたくさん運ぼうとすると大変！
20ℓ用のポリタンク1つより10ℓ用
2つをおすすめ！

(1) 水がなければ始まらない

■水断大敵！

人間の身体は、ほとんどが水分です。元気でいるには「油断大敵」より「水断大敵」。脱水症状になると、生命の危険もあるので見くびってはいけません。私自身、引越しで忙しいときにのどが渇いても水を飲みそびれたらそのままになって、大丈夫なつもりでいたのが夜中に胸がドキドキして目が覚めました。脈拍を測ると250にもなっています（ふつうは1分間に60〜80くらい）。あわてて病院に駆けこんだら脱水症状と言われ、即、点滴を受けました。この状態ではもう水を飲んでも身体が受けつけないので、点滴しかなかったのです。病院がなかったら、死ぬだけだったのです。

このように、のどが渇いたり尿の量が少なくなる脱水症もありますが（水分の欠乏）、渇きや尿の減少を感じなくても、だるさや立ちくらみ、気持ちが悪くなるといった脱水症（ナトリ

衛生のために

ふー
ふー

飲み水は必ずわかして飲む！
「白湯」を飲む体験をしておこう

ペットボトルには口をつけない！
コップに移すか、行儀がわるくても空中飲み

水はリサイクル

ポリタンクのままだと、
重くて使いにくい。
必ずわかして飲む。
生水を飲むときは、
新しいミネラルウォーターで。
ペットボトルで運んだ水は、
そのまま煮物などに。
食器は汚れをふきとってから、スポンジで洗う。
水は流さずにバケツへ!!
ミルクパンが
ひしゃくがわり。
アミでこして
トイレ用の
水にする。
ペールにポリ袋を
かぶせて水を溜める。
顔を洗った水、うがいした水なども植木、トイレ用に使える。

ウムなど電解質＝イオン分の欠乏）もあるので、注意が必要です。飲んだり料理に使う水はとにかく貴重。ｐ32からの水節約料理法を駆使して大事に使ってください。

■家で手に入る生活用水

お風呂やトイレタンクにある水は、当座の生活用水として使えます（下水道が復旧するまで、水洗トイレは使えません。それまでのトイレの処置はｐ42）。雨が降ったら、バケツやありあわせの箱を使って溜めましょう。段ボール箱でも、大きいポリ袋をかぶせて水入れにします。フタを忘れずに。

■水は徹底してリサイクル

水道が復旧するまでは、お風呂も洗濯もガマンです。ごはんの前にウェットティッシュで手をふき、そのティッシュで机をふいて、床のごみをとってからポイ。歯磨きをした水や野菜を洗った水も捨てずに溜めて、使えるようになった水洗トイレの流し水に使いました。

■水の運び方

避難所や公園に来る給水車はまさに命綱。でも、ふだん蛇口をひねればふんだんに使えた水が、自分で運ぶとその重いこと！　台車やカート、キャリーバッグ、大きめのペットボトルなどを活用してできるだけラクに運びましょう。

(2) 空中調理&ポリ袋調理のすすめ

野菜を洗う、手を洗う、食器や調理道具を洗う。水がじゅうぶんになければこれらのことができません。そうなると、いちばん心配なのは食中毒。手もまな板もじゅうぶんに洗えず雑菌だらけになった状態では、安全な調理はできません。

食中毒を防ぐポイントは、菌をつけない、殺菌する、増やさないのが原則。そのためには口に入れるものにできるだけ素手で触れないことが大事です。

まな板を使わず、食材に触らないで料理をするのに、キッチン小物が活躍してくれます。ポリ袋はいろいろな大きさのものがあると便利。キッチンばさみやピーラー、スライサーは少量のお湯をサッとかけて消毒し、乾かしやすいという利点もあります。

空中調理

キッチンばさみでネギを刻んで直接フライパンへ。ピーラーでナスを薄切りにして鍋の中へ（手はポリ袋でガード）。

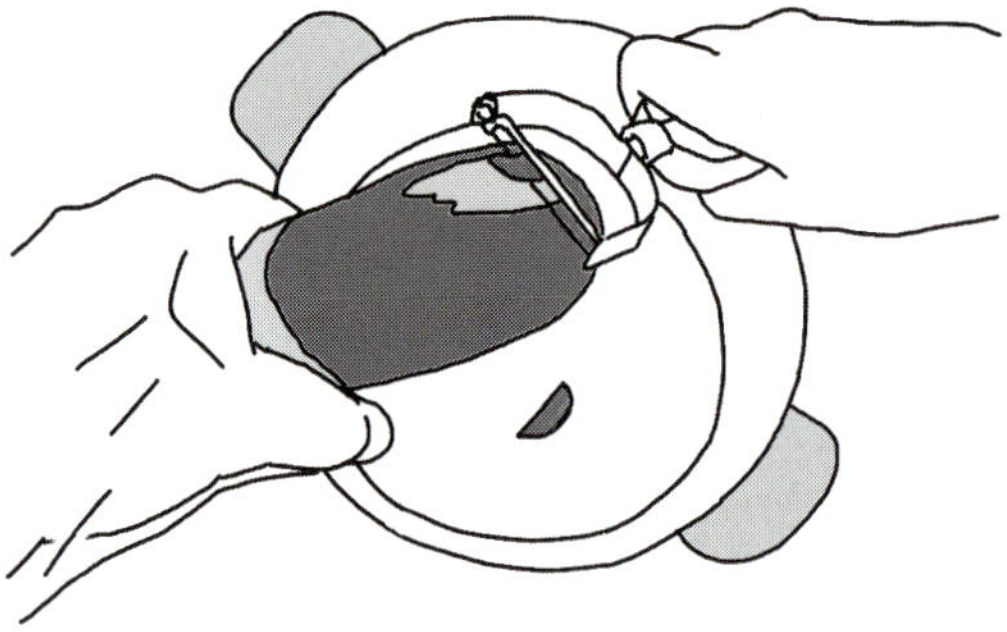

紙一重調理

直接手で持たず、ポリ袋やラップを使って調理する。

ポリ袋調理

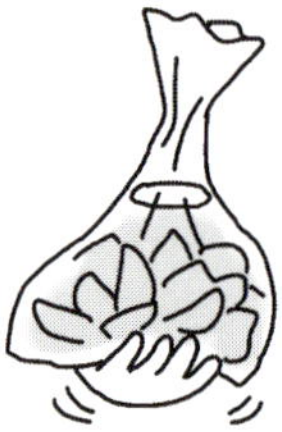

漬けこむ・まぶす

肉や魚と調味料を合わせる）
調味液漬けは空気を抜く、下からもむ。

こねる

（パンケーキの生地をこねる）

生地をこねるときは空気を抜く。生地がピッタリ袋で包まれているのをよくもむ。

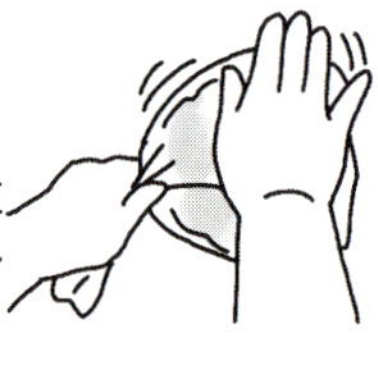

和える

（サラダの材料と・ドレッシングを和える）

空気たっぷり、下からたたいて袋の中で躍らせる。

パンケーキ（ホットケーキ）

●材料（4枚分）
A薄力粉………… 2カップ
　ベーキングパウダー… 小さじ1
Bスキムミルク … 1/4カップ
　オートミール …… 1カップ
C砂糖…………… 大さじ3
　牛乳…………… 2と1/4カップ
　卵（M）………… 1個
　サラダ油……… 大さじ1
＊オートミール抜きの場合は薄力粉を1/4カップ加える。ふつうのホットケーキになる。

きな粉ホットケーキ

●材料（小8枚分）
A薄力粉…………1と1/4カップ
　きな粉…………大さじ1
　ベーキングパウダー…小さじ1
Bオートミール……1/2カップ
　スキムミルク …大さじ3
C砂糖……………大さじ2
　卵（M）…………1個
　牛乳……………1/2カップ
＊薄力粉でなく米粉1カップ（100g）でもよい。

つくり方はどちらも共通です

1、ポリ袋でAを混ぜてから、Bを加えて混ぜる。

ぽん
ぽん

粉類をまぜる（空気を入れて下から軽くたたく）

2、別のポリ袋にCの卵を入れてもみ、砂糖を加えてもみ、牛乳を加えてもむ。

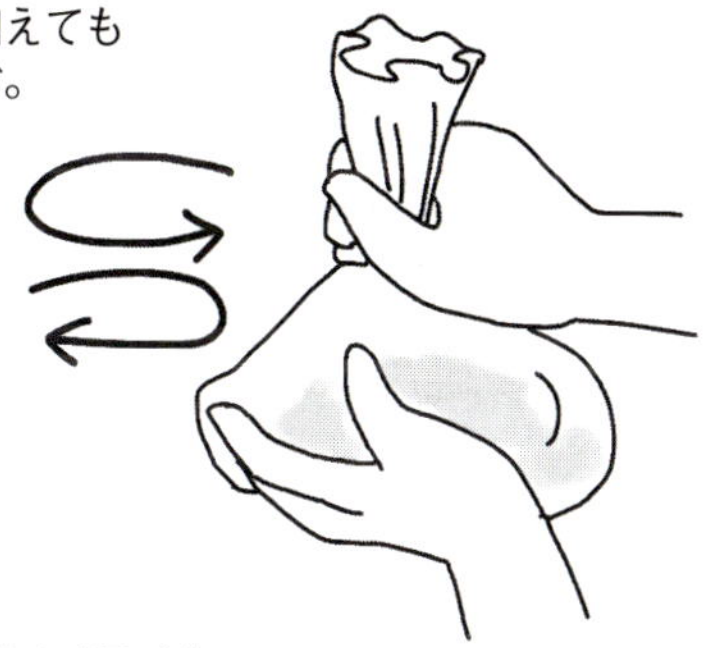

卵、砂糖…、順番に入れていく。

3、2に1を加えて全体をよく混ぜ合わせる。

4、3のポリ袋の端をはさみで切り、中のタネを押し出して冷えたフライパン(油はひかない)に流しこむ。

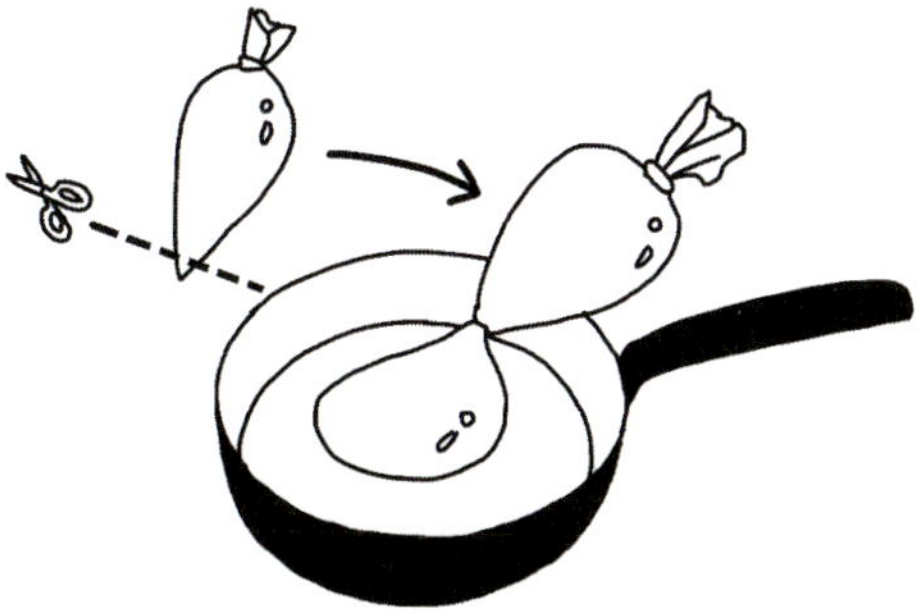

テフロンフライパンでなくても油はひかないで。

5、タネをひいてから火をつけ、弱火でゆっくり焼く。表面がプツプツしてきたらひっくり返して裏面も焼く。両面がキツネ色になったらできあがり。

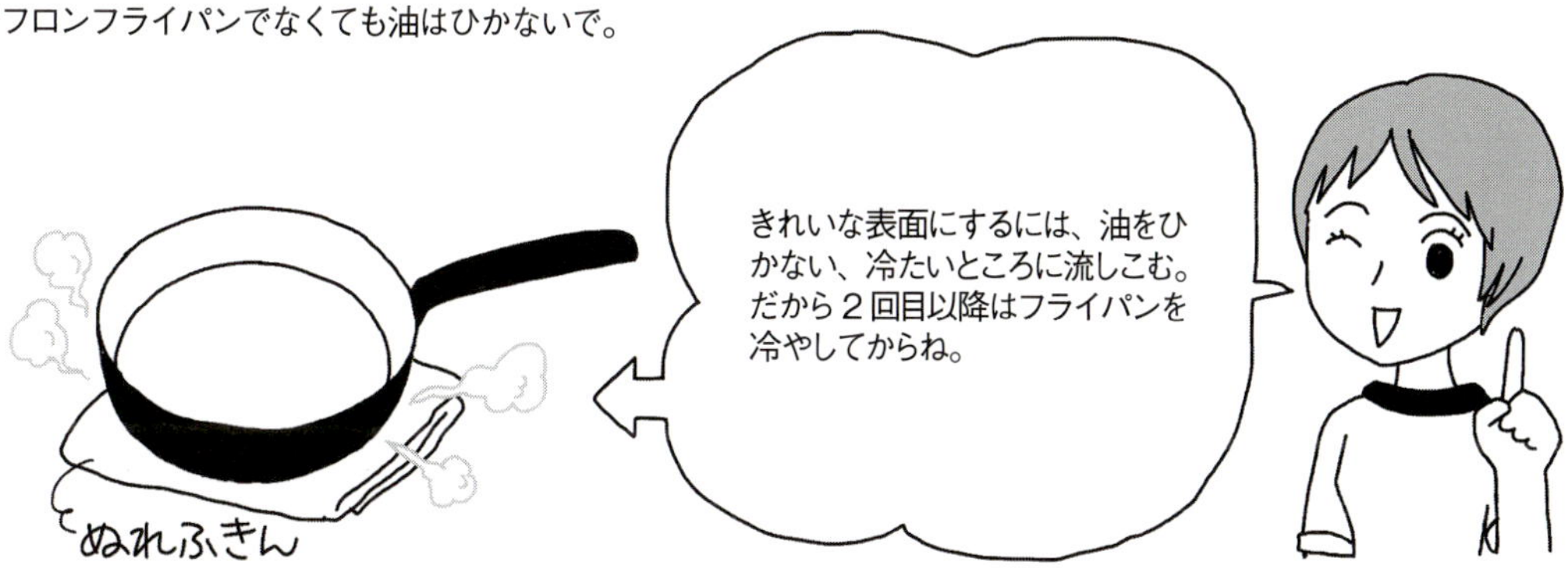
きれいな表面にするには、油をひかない、冷たいところに流しこむ。だから2回目以降はフライパンを冷やしてからね。
ぬれふきん

ニンジンきんぴら（打ち水調理）

●材料（4人分）

ニンジン	2本
サヤエンドウ	8枚
タラコ	1/2腹（うす皮をとる）
ゴマ油	小さじ1

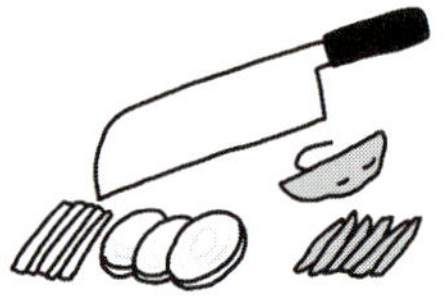

1、ニンジンはせん切り、サヤエンドウは筋をとり斜めせん切りにする。

2、フライパンに油をあたため、ニンジンを入れてしんなりするまで炒める。炒める途中で大さじ2の水（分量外）を大さじ1ずつ打ち水のように振り入れて加え、蒸気で火を通す。

3、サヤエンドウを入れ、タラコを加えてよく混ぜ全体にまぶし、タラコに火が通ったらできあがり。

ブロッコリーのかか煮（蒸し煮）

●材料（4人分）

ブロッコリー	1/2株
水	大さじ4
カツオ節	小1袋
A	
みりん	大さじ1
味噌	小さじ1/2

1、ブロッコリーは小房にわけて、小鍋に入れ、水を加えてフタをして蒸し煮にする。

2、残った水気を切り、Aを合わせて入れて、軽く炒りつけてカツオ節をまぶしてできあがり。

(3)少しの水でおいしい料理法3種

野菜はたっぷりの水で煮ないといけないと思っていませんか？大さじ1～3ていどの水で野菜をおいしく料理する方法です。

■アクのない野菜は「炒り煮」でじゅうぶん

ホウレンソウはたっぷりのお湯でゆでてアクを取らないといけませんが、同じ菜っ葉でも水菜のようにアクのない野菜なら、ほんのちょっとの水で炒りつけるだけでおいしく煮えます。同様に、アスパラガスやサヤエンドウなども炒り煮でじゅうぶん。だし汁やスープで炒りつけてもいいのです。ただし醤油や砂糖は焦げやすいので、味つけは最後に。

■ゴロゴロした野菜も「蒸し煮」で短時間調理

ブロッコリーやカボチャなどゴロゴロしたものは、炒り煮にほんのちょっと水を加えた分量の水で「蒸し煮」にします。野菜の成分の多くは水分なので、野菜自身が持っている水分を蒸気で温めることで蒸してしまうのです。短時間で済むし、野菜の栄養も逃げないおトクな調理法。コツは「ぴったりフタのできる鍋を使うこと」だけです。

■時間差攻撃「打ち水」料理

ニンジンやジャガイモのように、ちょっと固めの野菜は、炒り煮の要領で炒りつけはじめて、水分がなくなってきたところでもう一度少量の水を足します。いったん温度が下がり、また煮えるので、少ない水で煮ている時間を増やすことができます。

■飲めない水でも蒸し物はできる

雨水やトイレタンクの水など、煮炊きに使うのはちょっと心配な水でも、蒸し物に使うことはできます。もとの水には触れないように、水蒸気にだけ食材が触れるようにしましょう。イモ類や、水にさらす必要のないアクのない野菜、肉や魚などは、蒸すだけでとにかく安全に食べることができます。

蒸す方法

蒸し器

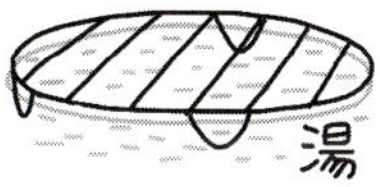

ステンレスなどのサナを使って

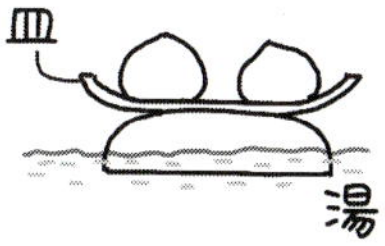

皿などをふせ、その上に皿

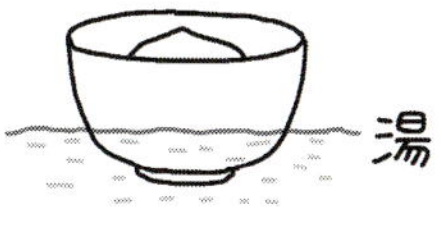

[地獄蒸し]
弱火でコトコト

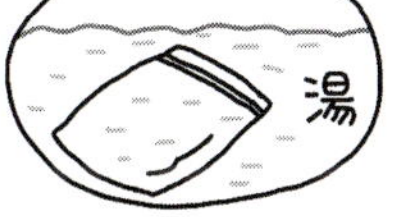

食用密閉袋に材料と調味液（水分）を入れて煮る。

水分が熱を伝えるので、調味液といっしょでないとうまく煮えない。

アスパラ炒り煮（節水炒り煮）

●材料（4人分）

グリーンアスパラガス	8本
水	大さじ2
A	
砂糖	小さじ1
醤油	小さじ1/ 2
豆板醤	少々
炒りゴマ(白)	小さじ1

1、アスパラガスは一口サイズに切り、水を入れて火にかけ、炒り煮にする。

2、Aの調味料を1の鍋に加えてよく混ぜ合わせる。ゴマを指先でつぶしながら入れて混ぜてできあがり。

(4) 折紙食器をつくろう

水がない状況では、洗い物もなるべく少なくしたい。使い捨ての紙皿などがあればいいですが、なくっても大丈夫！　日本の文化「折紙」の要領で器をつくり、ラップやホイルをかぶせることで、衛生的に食べることができてあとは捨てるだけの食器が自給できます。つくり方しだいで、おかずもごはんも汁物も食べられるスグレもの。みんなでせっせと折紙しましょう。

＊紙のサイズ・形は目安です。サイズが違えば大小の器ができ、形が違うと多少不恰好なものができるかもしれませんが、器として使えればいいので、細かいことは気にせず手元にあるものでつくりましょう。

舟形

用意する紙とサイズ　厚手の買物用紙袋など。B4（約 25cm ×35cm）以上で。正方形に切る。

作り方

1 紙を２つに折ってから開き、その折り目に向けて左右を折りたたむ。

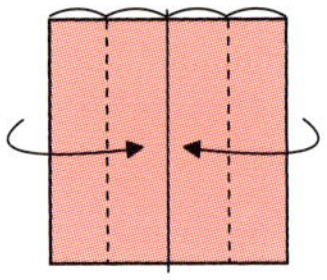

2 ４つのすみを中央に向けて折りたたむ。

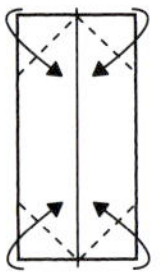

3 タテ２つ折りにして開いてから、その折り目を目安にしてさらに折る。

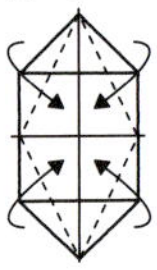

4 図のようにして中央に向かって折る。

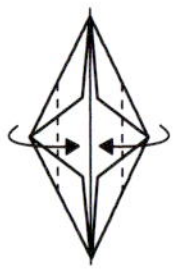

5 中央に指を入れて注意深く裏返す。

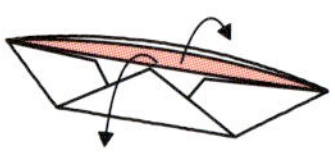

できあがり

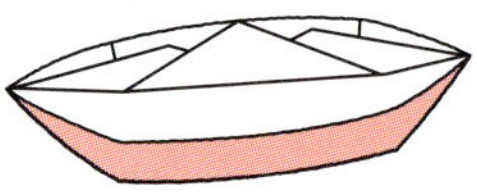

花形

用意する紙とサイズ　厚手の買物用紙袋など。B4（約 25cm ×35cm）以上で。正方形に切る。

作り方

1 紙を４つに折り、開く。

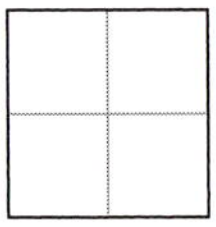

2 角と中央の線が接して図のようになるように折って開く。回転させながら４角とも同様に折り目をつける。

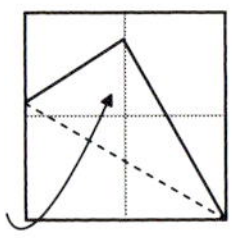

3 裏返して２と同様の手順をくり返す。

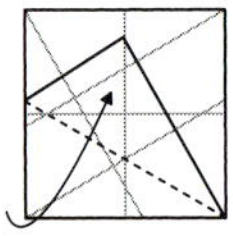

4 器の内側にしたいほうを表にして置く。図の濃い色の部分が見えなくなり、○の部分が底面の四隅になるように、折り目に沿って形を整える。

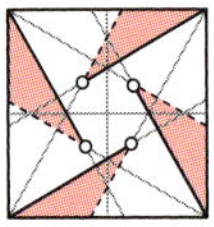

5 図のように立体になったら、飛び出た三角の部分を外側に折って裏側の袋状の部分に差しこむ。

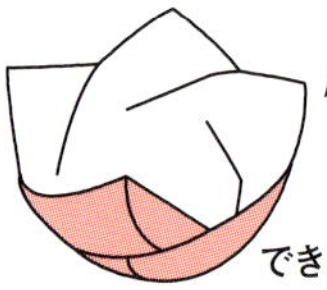

できあがり

※長谷川太市郎編著『実用折り紙　暮らしの箱・うつわ』（日本文芸社）より、遠藤和邦考案。

コップ形

用意する紙とサイズ　新聞紙がおすすめ。２枚用意する。

作り方

1 新聞紙を２つに折る。

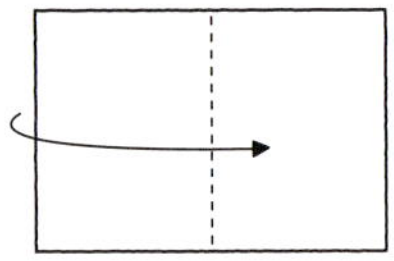

2 正方形になるように、余る部分を折りたたむ。

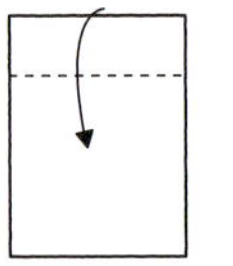

3 対角線で折り、三角形にする。

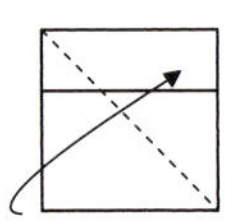

4 五角形になるように左右の端を折りたたむ。

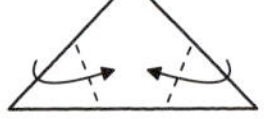

5 上の三角１枚分を手前に折って袋状になった所に差し込む。もう一方は、逆側へ折りたたむ。

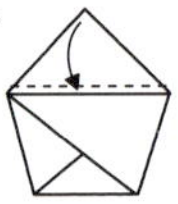

6 もう１枚の新聞紙をベルト状に折りたたみ、５の底をぐるりと囲む輪に仕上げ、端を組み合わせて閉じる。

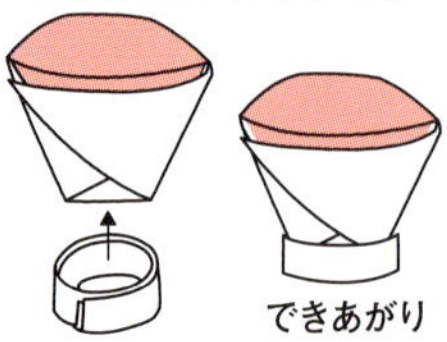

できあがり

箱形

用意する紙とサイズ　厚手の買物用紙袋など。
B4（約 25cm×35cm）以上で。

作り方

タテ・ヨコ中心線を入れてから折りはじめる。

1

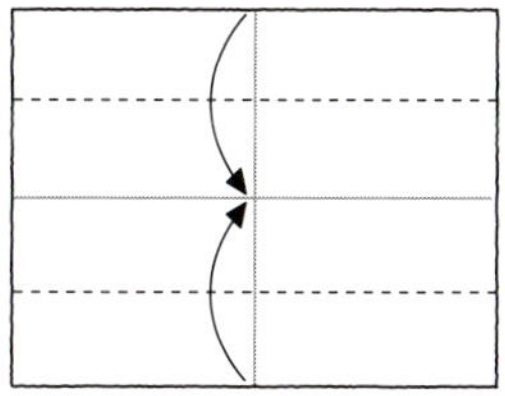

上下片をヨコ中心線に合わせる。

2

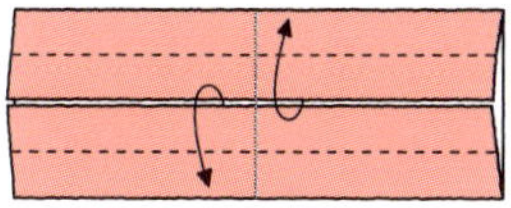

さらに半分に折る。

3

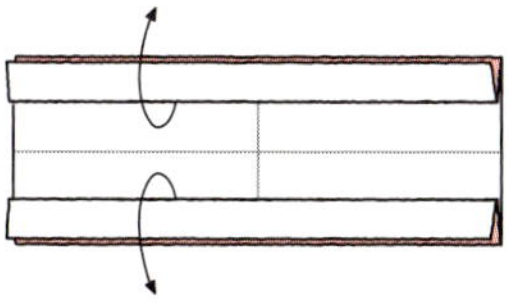

折りこまれた上下の帯を外に折る。

4

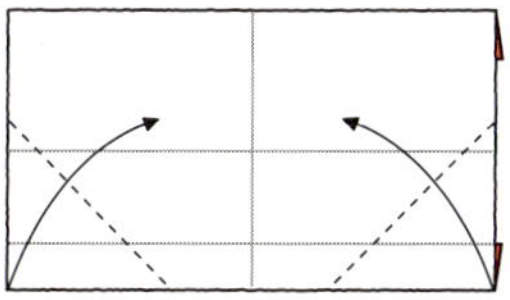

左右の1／3から三角に折り上げる。

5

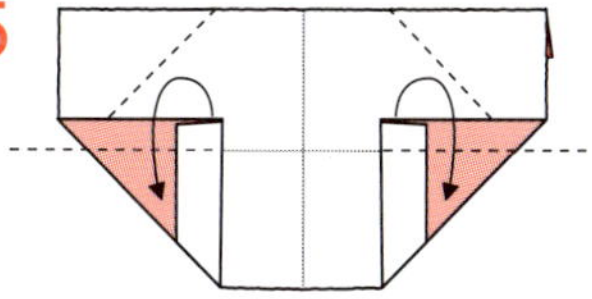

手前を細く折り下げる。

6

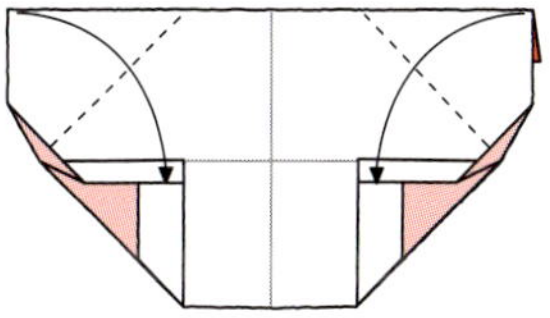

上の左右の角部を折り下げる。

7

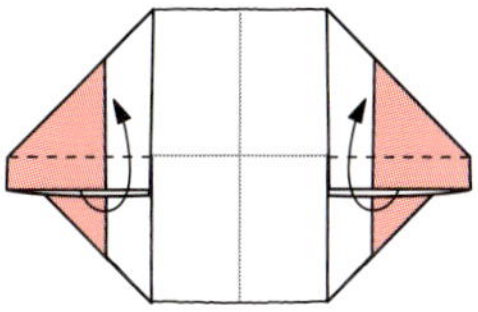

左右中心部の重なった部分を開いてたたむ。

8

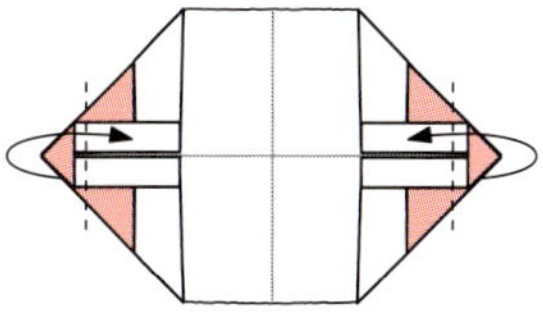

左右三角部を内側に折る。

9

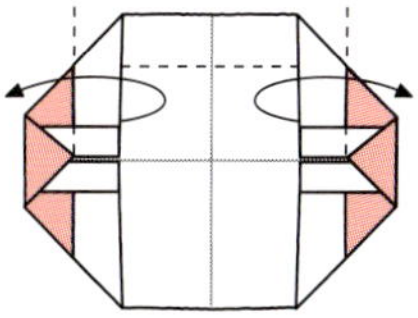

谷折りで左右内側から開いてたたむ。

10

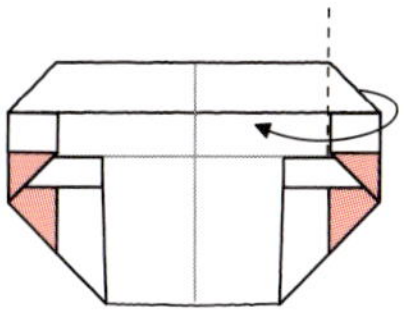

右上の小さな片を左に移動する。

11

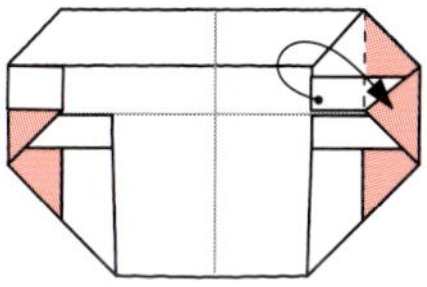

図 8 で折られた三角袋部に差しこむ（左側も同じ要領でまとめる）。

12

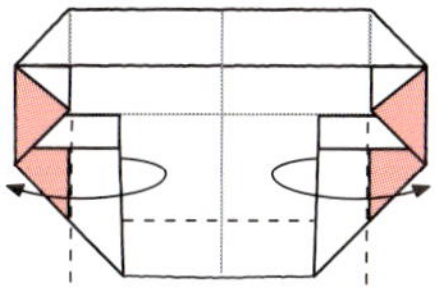

下片も図 9 ～ 11 の折りをくりかえす。

13

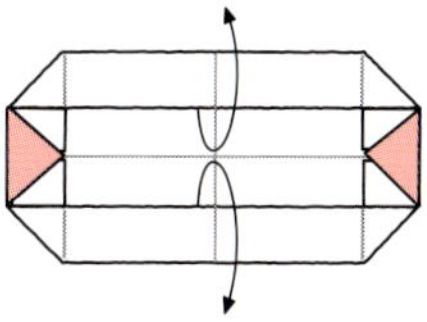

立体的に形を整える。

14

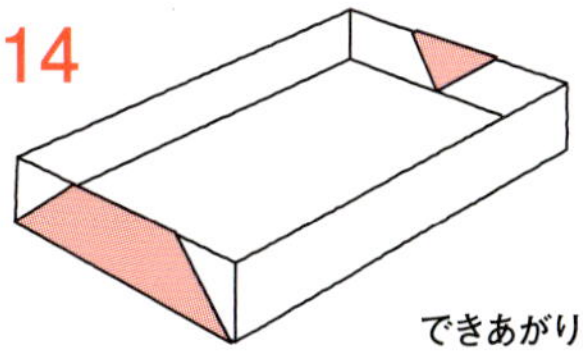

できあがり

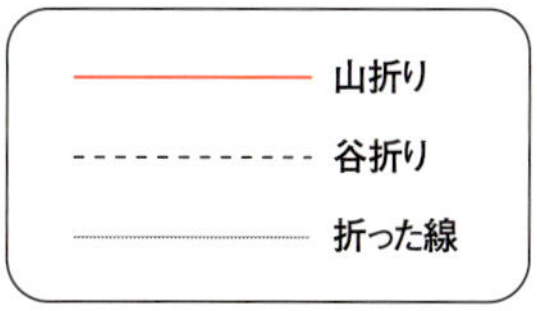

加藤幸吉著『リサイクルおりがみ　新聞紙でおる兜』（誠文堂新光社）より。

9

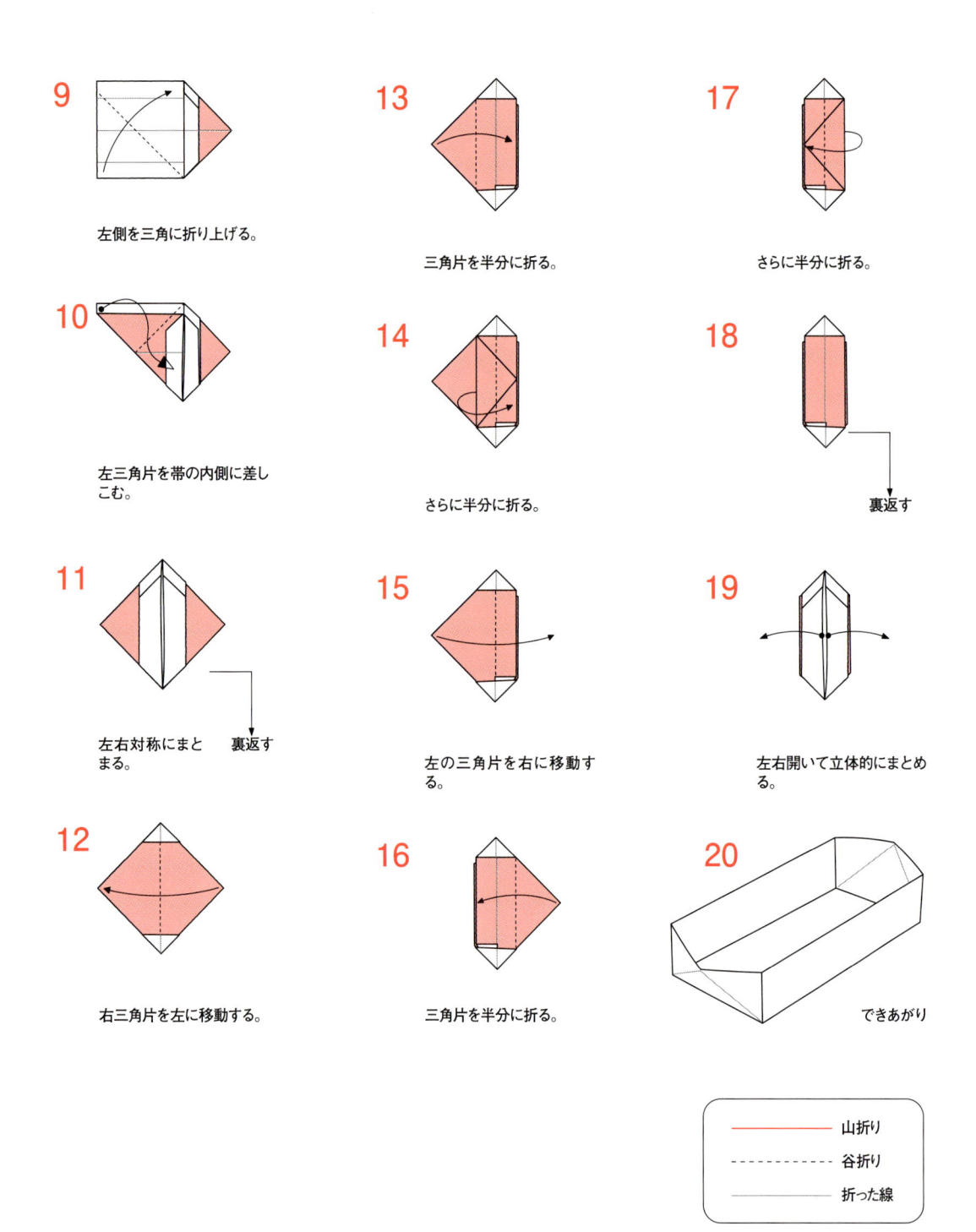

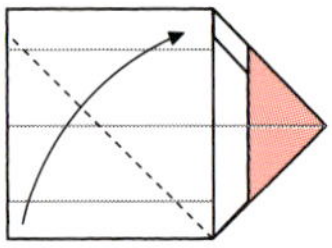

左側を三角に折り上げる。

10

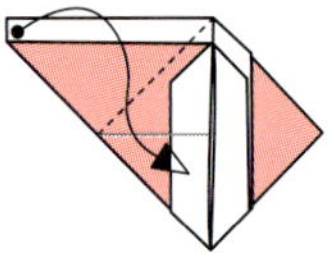

左三角片を帯の内側に差しこむ。

11

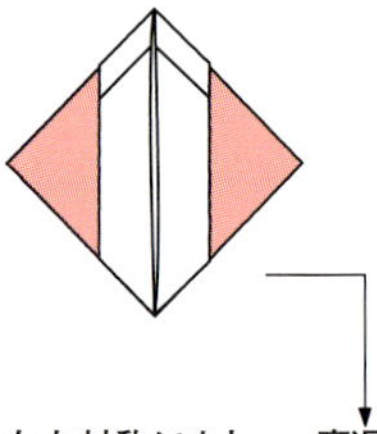

左右対称にまとまる。

裏返す

12

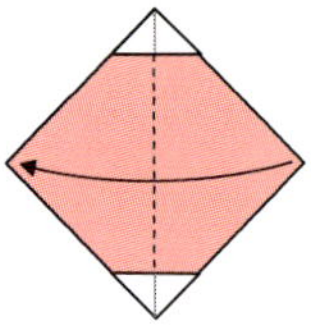

右三角片を左に移動する。

13

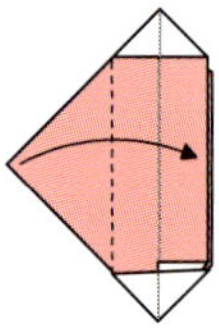

三角片を半分に折る。

14

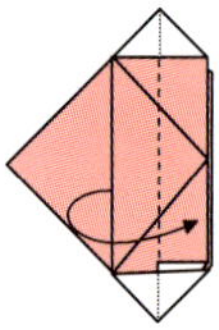

さらに半分に折る。

15

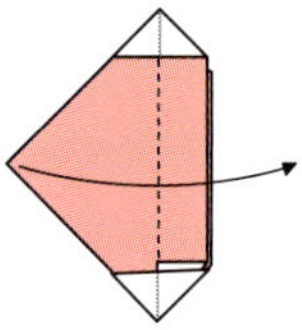

左の三角片を右に移動する。

16

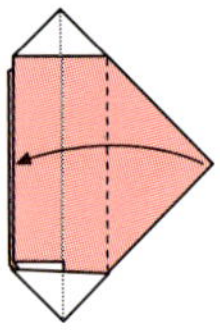

三角片を半分に折る。

17

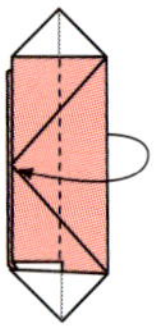

さらに半分に折る。

18

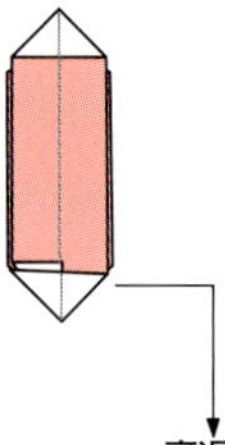

裏返す

19

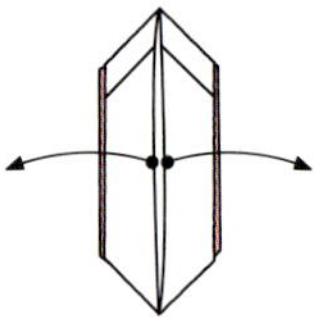

左右開いて立体的にまとめる。

20

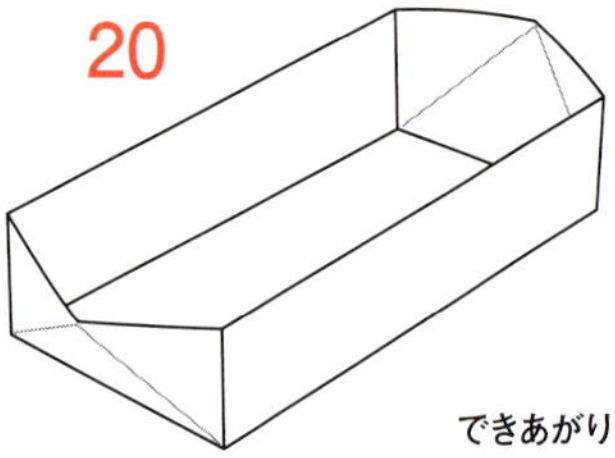

できあがり

山折り

谷折り

折った線

カップラーメン容器はスグレモノ

もともと食器として設計されたものなので、熱い汁物もOK。洗うのに水は必要ですが、お椀代わりに重宝しました。保温性も高いので、温泉卵もつくれます。

〈ほったらかし温泉卵〉

●材料

カップラーメンの空き容器（400cc以上入るもの、縦置き標準サイズ）1つ

フタ（アルミホイル、または皿）1つ

卵M 1つ

お好みで 醤油 少々

●つくり方

1、湯を沸かす。空き容器に卵をおき、湯を線のところまで入れる（約350cc）。

2、フタをして30分待つとできあがり。

*冷めるまで置いてもよい。

*500cc入る縦長の器でもよい

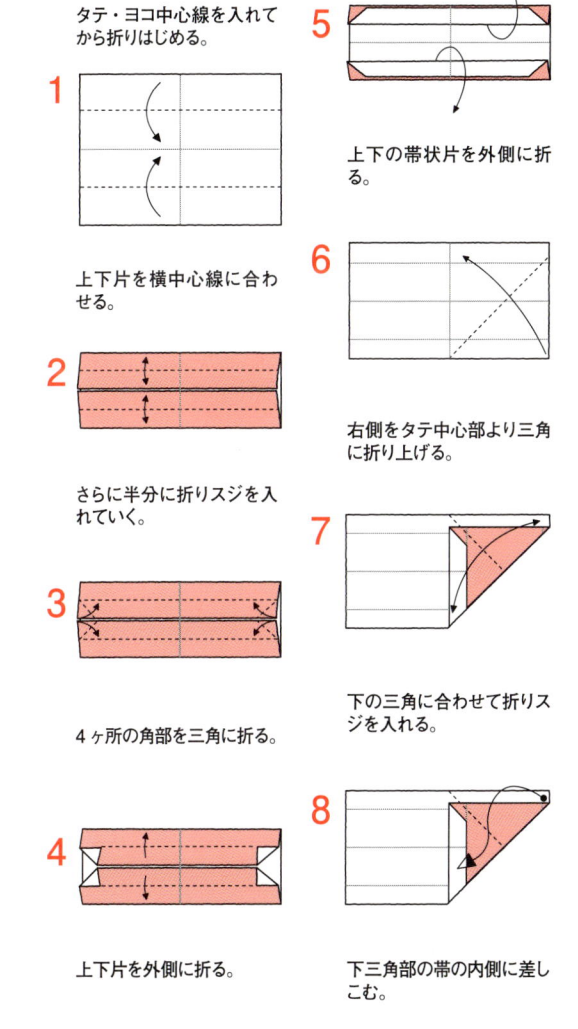

長方形

用意する紙とサイズ 厚手の買物用紙袋など。B4（約25cm×35cm）以上で。

作り方

タテ・ヨコ中心線を入れてから折りはじめる。

1

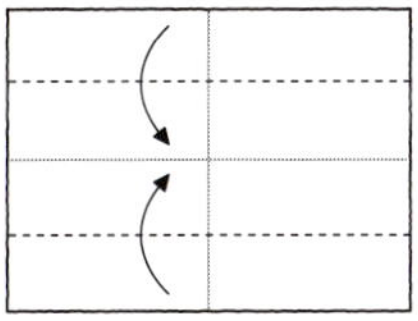

上下片を横中心線に合わせる。

2

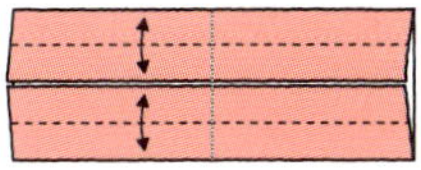

さらに半分に折りスジを入れていく。

3

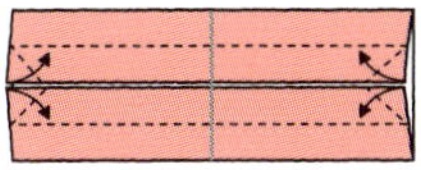

4ヶ所の角部を三角に折る。

4

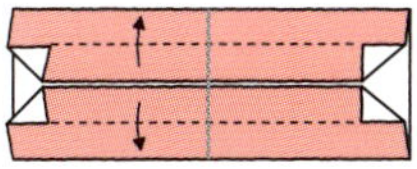

上下片を外側に折る。

5

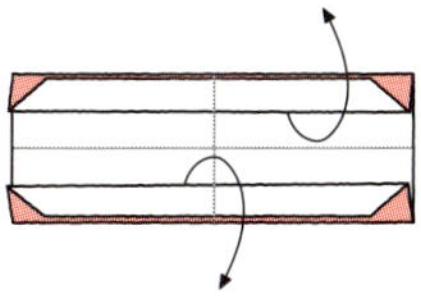

上下の帯状片を外側に折る。

6

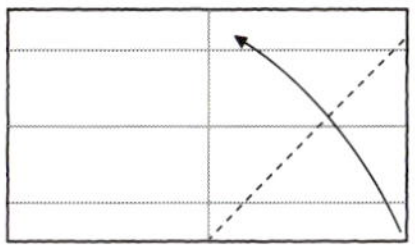

右側をタテ中心部より三角に折り上げる。

7

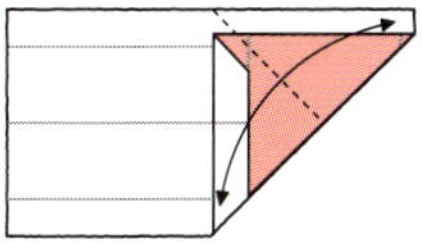

下の三角に合わせて折りスジを入れる。

8

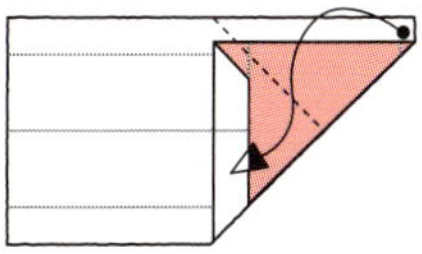

下三角部の帯の内側に差しこむ。

加藤幸吉著『リサイクルおりがみ　新聞紙でおる兜』（誠文堂新光社）より。

13

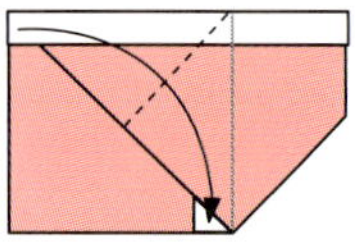

手前左三角部を折り下げる。

14

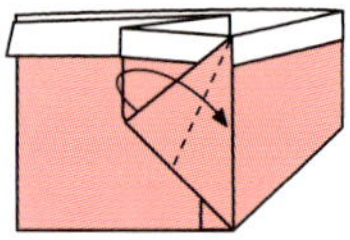

手前右三角部を細く折る。

15

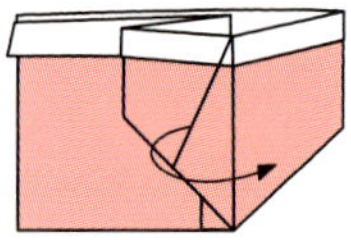

手前左三角部右に移動する。

16

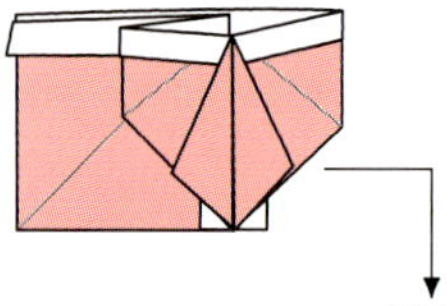

裏返す。

17

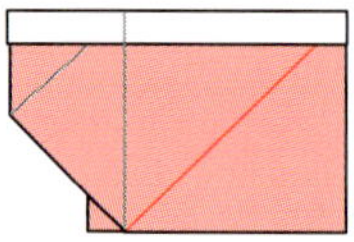

右の三角部を内側に押しこむ。

18

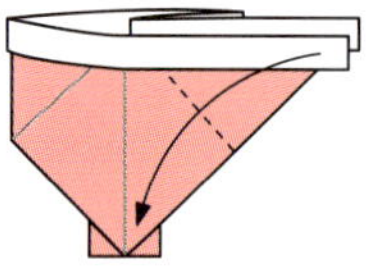

図10～11の要領で図20の形にまとめる。

19

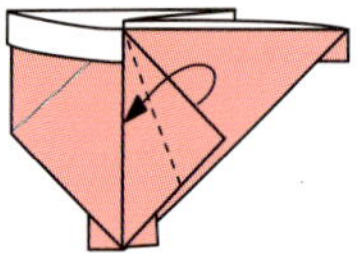

途中図（図11の折り方）。

20

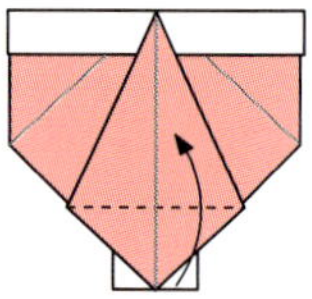

前後の下三角部を折り上げる。

21

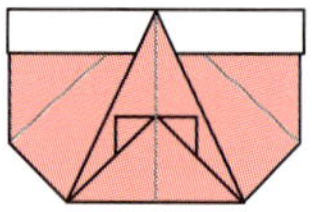

折り方完了。立体的に組み上げる。

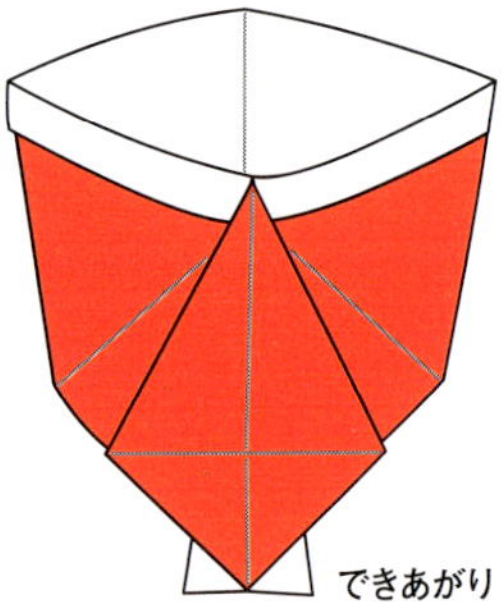

できあがり

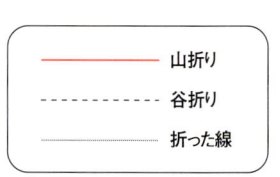

山折り
谷折り
折った線

筒形

用意する紙とサイズ　厚手の買物用紙袋など。B4（約 25cm×35cm）以上で。

作り方

用紙のタテ中心に折りスジを入れてから折り進む。

1
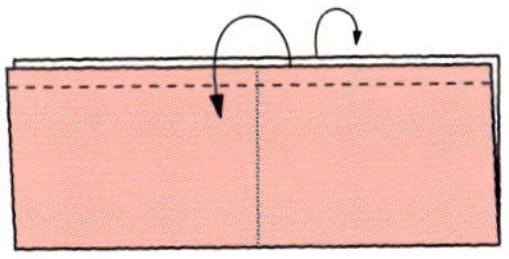

裏表の横半分の約 1/8 を目安に細く折り下げる。

2
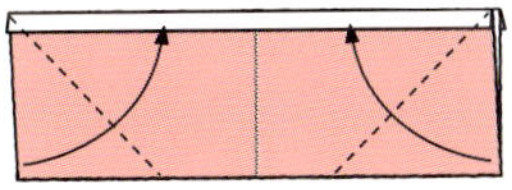

左右三角に折り上げる。

3
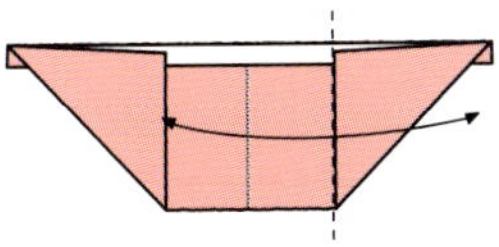

右三角部に折りスジを入れる。

4
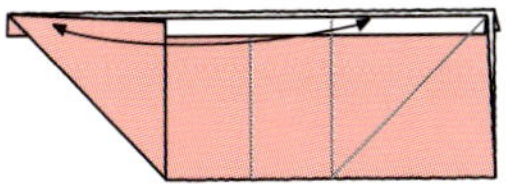

左も三角部に折りスジを入れる。

5
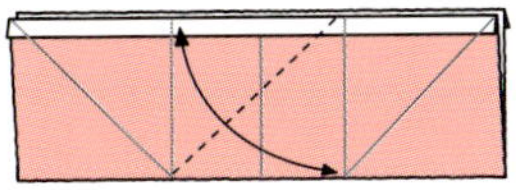

中心四角部分に 45 度折りスジを入れる。

6
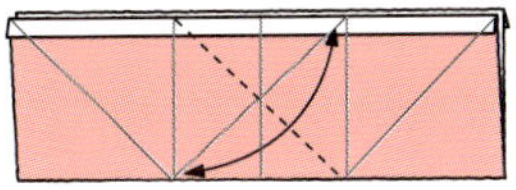

中心四角部分に 45 度折りスジを入れる。

7
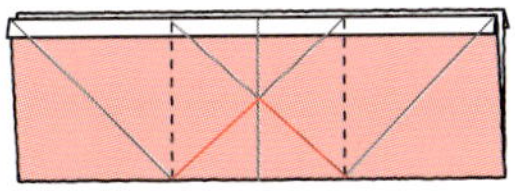

図 8 の要領で 9 の形にたたむ。

8
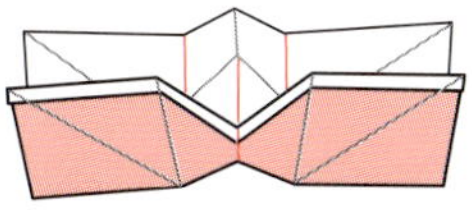

途中図（図 9 の形にまとめる）。

9
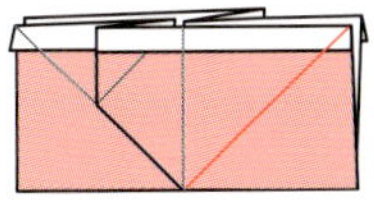

右の三角部を内側に押しこむ。

10
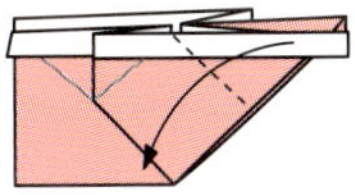

右三角の角を折り下げる。

11
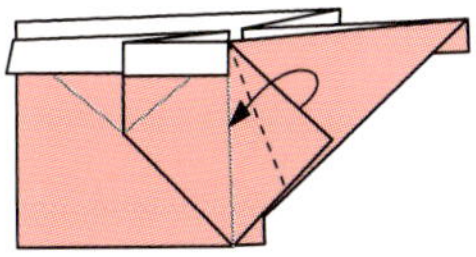

手前右三角部を細く折る。

12
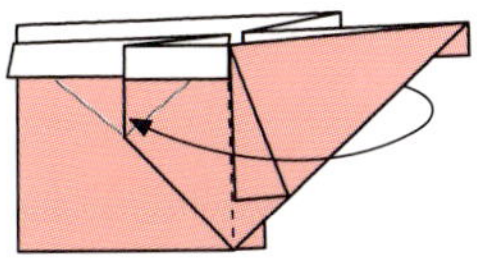

手前右片を左に移動する。

加藤幸吉著『リサイクルおりがみ　新聞紙でおる兜』（誠文堂新光社）より。

ポータブルトイレ　システム

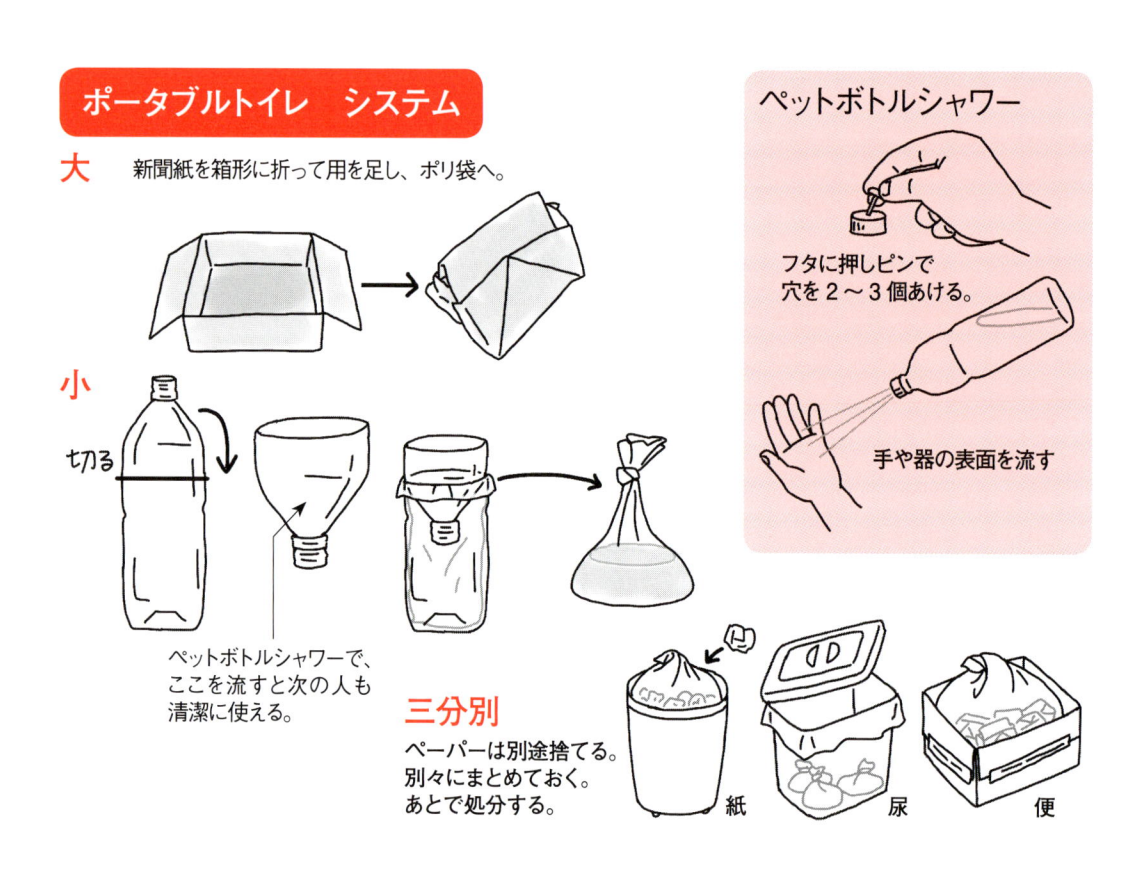

大　新聞紙を箱形に折って用を足し、ポリ袋へ。

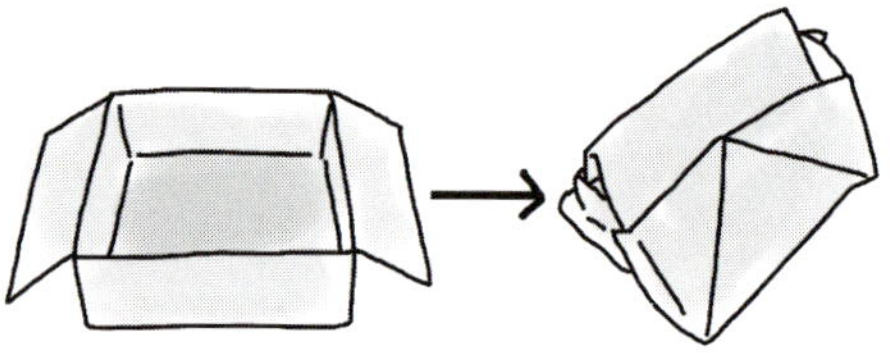

小

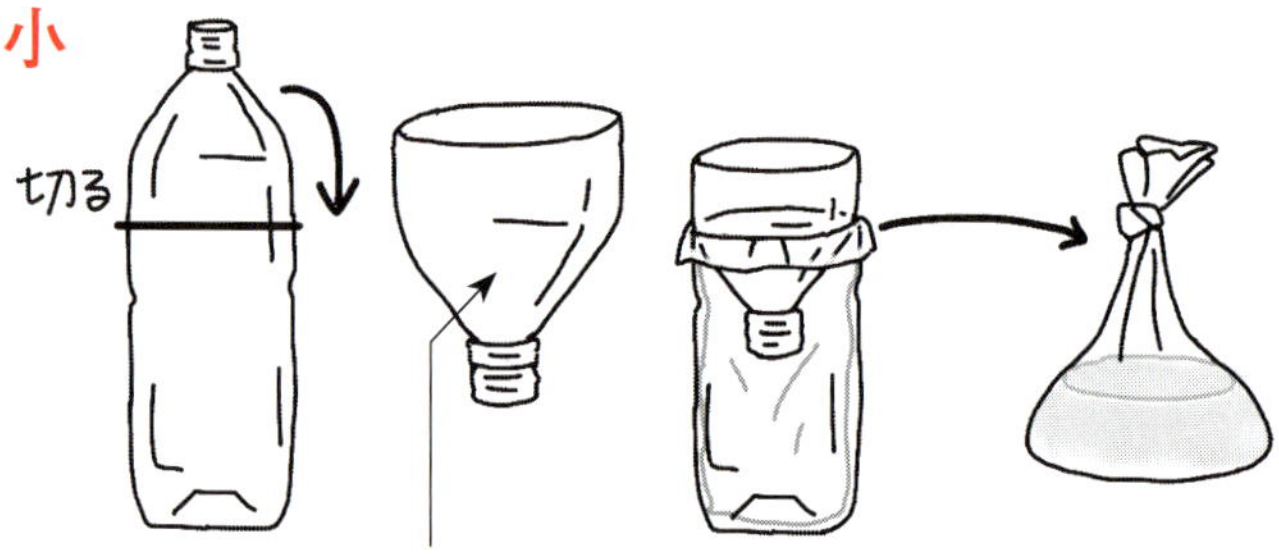
切る

ペットボトルシャワーで、ここを流すと次の人も清潔に使える。

三分別

ペーパーは別途捨てる。
別々にまとめておく。
あとで処分する。

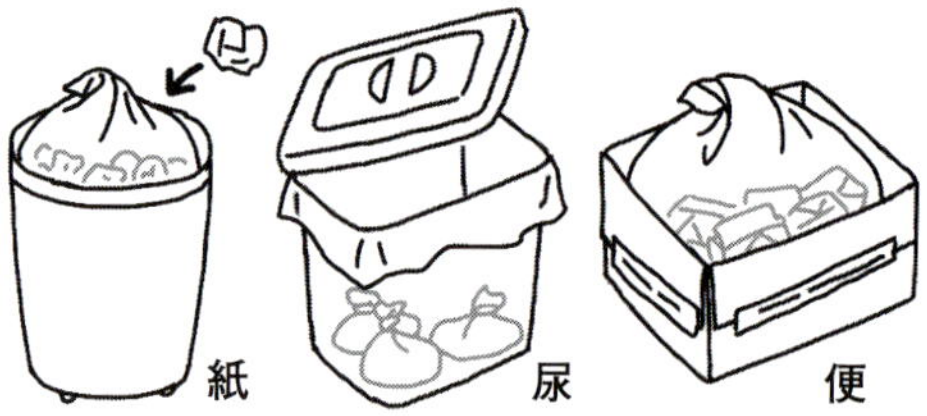
紙
尿
便

ペットボトルシャワー

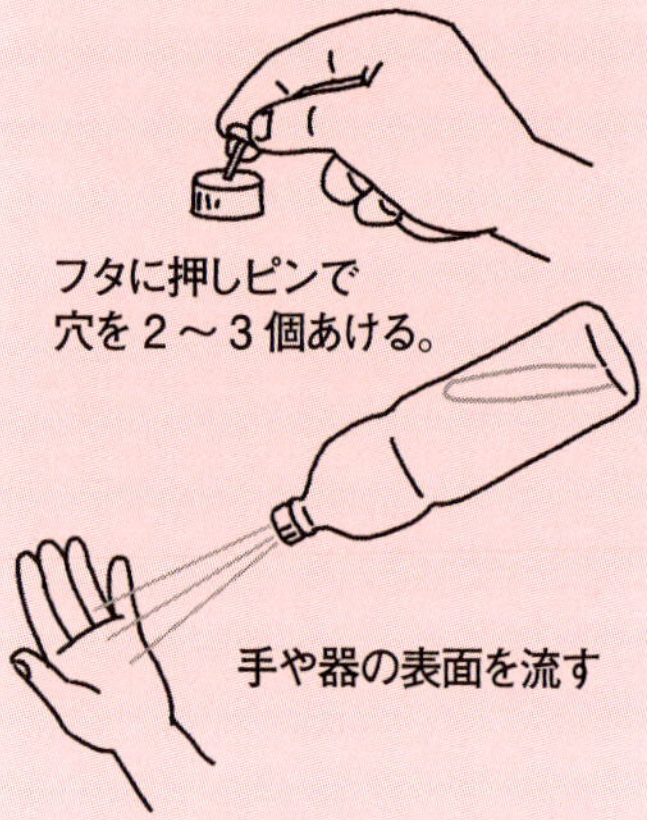
フタに押しピンで
穴を２～３個あける。
手や器の表面を流す

(5)トイレをどうする？

■ガマンしないできちんと処理を

水が使えないことで、食べ物と同じくらい困るのがトイレ処理。下水がこわれていると、水を流すことができません。トイレは水で流すのが当たり前ではなくなるのです。もし無理に流すと地域が汚染されてしまいます。非常時には、自分が出したものは自分で始末できなければなりません。

もちろん、排泄をガマンするのも健康に悪いし限度があります。要は衛生的に処理できればいいのです。フタつきのポリバケツや大きな箱などに、大きなポリ袋を入れて溜めるようにして、きちんと処理できるようになるまでは衛生上の心配のないところにまとめておけばいいのです。

■ニオイをおさえるトイレとは

ニオイの問題をやわらげるために、尿と便は別々に溜めることをおすすめします。昔の汲み取り式トイレが臭いのは尿と便をいっしょに溜める構造だったからで、便の中のバクテリアと尿の中の尿素が反応してアンモニアを発生させるのです。戦後の農村では「改良トイレ」として尿と便を別々に溜めるトイレが考案されたし、現代の中国でも水洗でないところでは別々です。北欧でも尿と便を分離したトイレが広まりつつあるとか。

避難セットに歯ブラシを

■大切なお口のケア

p11で避難時の緊急持ち出しセットに歯みがきセットを入れることをおすすめしています。ホテルのアメニティでいいので、ぜひ用意しておいてください。

避難生活では歯磨きまでとても手がまわらない、という人が多いと思いますが、口の中が不潔な状態になると口臭や虫歯だけでなく、繁殖した雑菌を飲みこんでしまうことで肺炎になることもあります。とくに抵抗力の落ちたお年寄りなどが危険です。寒い時期であれば、避難所の寒さは身体にこたえるので気をつけたいのです。歯ブラシがなければティッシュやタオルで歯を磨いたあと口をゆすぐだけでも効果があるので、お口のケアを忘れずに。

■「身体の一部」は手元に置くかスペアを用意

入れ歯やメガネ、コンタクトレンズのように、身体の一部とも言えるものがなくなると、その後の生活がとても不便になります。とくに入れ歯は一人ひとりのオーダーメイドなので、簡単にスペアを入手することができません。入れ歯がなくなって、それまで食べることができていたものが食べられなくなってしまうと、身体も心も元気が出てきにくくなります。入れ歯は洗面所ではなく、枕元に置いておきたいですね。

コンタクトレンズをしている人はスペアとしてメガネを持っていることが多いでしょうから、メガネを避難バッグに。もしくは使い捨てコンタクトレンズを予備として持っておくなど、「当たり前でない暮らし」に直面したときに少しでも当たり前の暮らしができる備えをしておきましょう。

なかったらティッシュか
タオルでみがく
使い捨て
コンタクトレンズ
メガネ
歯ブラシ
入れ歯は枕元に

5 電気が来ても、省エネクッキング

電気・水道・ガスのうち、一般的に言って復旧が早いのは電気です。阪神・淡路大震災にあったわが家の場合、電気の復旧は6日目、水道とガスは約3ヵ月後でした。今回の東日本大震災でもライフライン復旧は電気が早いようです。神戸の場合は、ほんの数キロにわたるローカルな被害でも、水道やガスの復旧に3ヵ月かかったのです。もしも首都圏のような広い範囲で多世帯のライフラインが寸断されたら、その復旧にかかる時間は神戸の比ではないはずです。だからこそ、比較的早く復旧する可能性がある電気を使って、いつものごはんがつくれるような用意をしておくことは大事なのです。

知らぬ間にソデ口に
燃えうつる!

天ぷらを揚げているとき、
電話に出て目を離した
スキに炎が…!

電気が来たら、IHヒーターや電子レンジ、オーブントースターを使って日常的な料理ができます。私は省エネ、安全という意味で、30年前から「炎のない調理システム」をおすすめしています。裸の火と違って換気が不要なのも安心です。高齢者や一人暮らしが増えている昨今、一酸化炭素中毒や、火が燃え移って「魚も焼けたけど、家も焼けた」などということにならないために、こうした電化機器の使い方に日頃から慣れていることも大切です。

ただ、広域での大規模災害ともなれば、電気が復旧してもこれまでのようにふんだんには使えない状況になる可能性もあります。p26から紹介したような、圧力鍋や保温調理などの燃料節約ワザも大いに駆使して上手に電気を使ってください。

■IHヒーター（電磁調理器）

炎がなくガスも使わない、安全で便利なコンロ。

火力が強く、一定の温度に保つことができるので、揚げ物から煮物、炒め物まで大活躍です。

IHヒーターは、炎ではなく電気の電磁誘導という現象を利用して、鍋やフライパンを直接温める機器です。

スイッチを入れると鍋そのものを温めるので、ムダのないエネルギーの使い方です。炎が見えないので「こんなので調理ができるの？」と思われるかもしれませんが、かなり強い火力が得られます。

サーモスタット機能がついているので、温度のあがりすぎや空焚きなどを自動で感知して、事故を防ぎます。立ち消えやガス漏れの心配もないし、調理中の換気も必要ありません。

ただし、金属の電気抵抗を利用して発熱するので、石や木の器は温まりません。「IH可」の表示を確認してください。

炎が燃え移ることはありませんが、調理後は鍋が接していた部分は鍋の熱で熱くなっています。逆に言うと、スイッチを切ってもしばらく余熱が使えるということ。鍋底と密着しているので冷めるのも遅く、有効に活用したい熱です。

〈揚げ物〉

火力が強いのでカラッと揚がります。温度センサーで焦げず、炎がないので油に外から引火することはありません。油温を適温に保つので油そのものが過熱して発火することもないので、揚げ物には最適です。

〈煮物〉

長時間コトコト煮こむ場合も、立ち消えの心配なしでとろ火の状態が維持できます。

〈炒め物〉

鉄など「IH可」の表示があるフライパンとIHヒーターの組み合わせは、ホットプレートよりも高温にできます。底のなるべく平らなものを選びます。強い火力でシャッキリとおいしい炒め物ができます。

防災にはポータブル型がおすすめ

炎がないから燃え移らない。
立ち消えの心配なしだから安心。
サーモスタットの働きで火加減安心。
ゴトクがないので小さい鍋でもかたむかない。

ふつうのコンセント（100V）で使えます。（タコ足は禁止！）

ラップをまるめてクリームクレンザーをつけてこすると、さっときれいに。

■電子レンジ

食べ物が内側中心部から温まります。

煮出しや乾燥、温め直しなどが得意で、少量でもＯＫ。下ごしらえの時間短縮にも効果あり。

食べ物には必ず水分が含まれています。この水の分子を電磁波で振動させることで発熱させるのが電子レンジです。短時間で内側まで熱が通るので、食中毒予防につくり置き料理の滅菌手段としても重宝します。

少量・短時間調理の強い味方です！

ラップをしない
→かわかす

ラップをする
→蒸すの代わりに

水

かしこいお手入れ：水を加熱して沸騰させると、水蒸気で庫内の汚れが浮いて簡単にふき取れます。

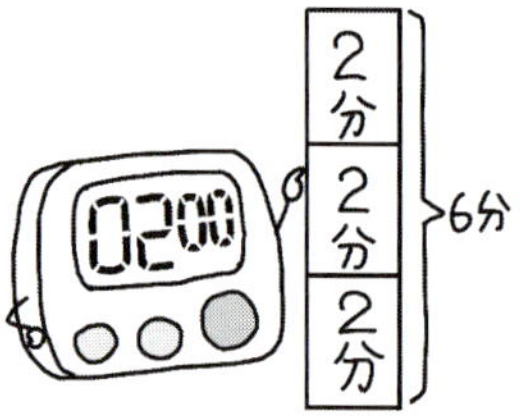
0200
2分
2分
2分
6分

加熱は小刻みに。「6分加熱なら2分・2分・2分」電磁波の角度を変えて加熱ムラを防ぎます。

温める以外の使い方としては…

〈煮出し〉

キャセロールを使って煎じ薬や麦茶を煮出すこともできます。

〈乾燥〉

フタやラップをしなければ食品の水分を飛ばします。1人分のおからをつくるのも簡単。

〈蒸し物〉

ラップやフタをすれば、少しの水分で蒸し物ができます。

〈乾物をもどす〉

干しシイタケなどは、ひたひたの水にひたして約1分間加熱してしばらく置いておけば、もどっています。

〈下ごしらえ〉

イモは加熱してから煮れば時間短縮。固いカボチャも少し加熱するとラクに安全に切れます。

電子レンジにかけてはいけないもの

火花が生じます

金属のコップとか

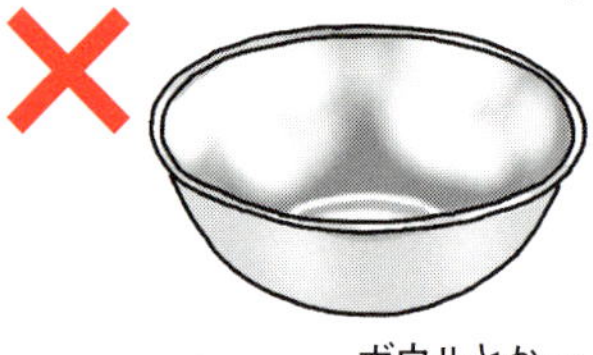

ボウルとか…

器が燃えます
水がしみこんでいると割れます

木のもの　漆ぬりのもの　素焼きのもの

オーブントースターにできること

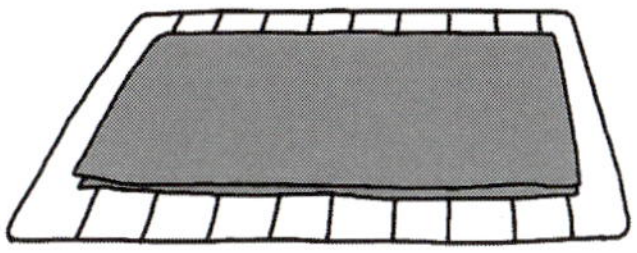

炙る 中表に折ったのりを温めておいたトースターに入れて５秒。

焼く（トースト）
パンを焼く。

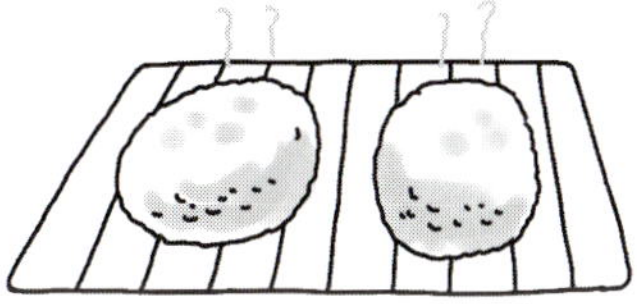

再加熱（焼く）
コロッケなど温めかえして。
キッチンペーパーで包むと余分な油がとれる。

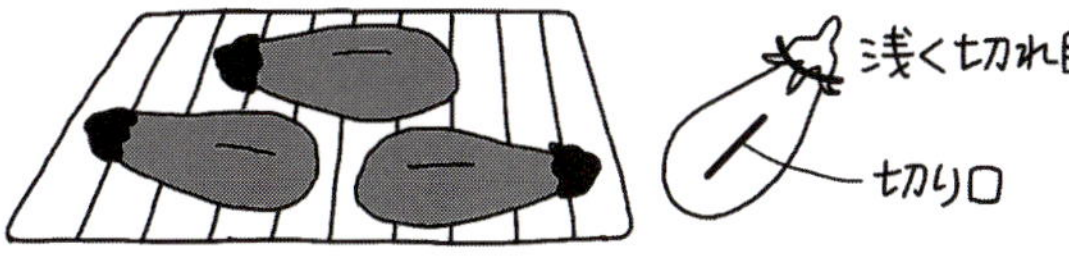

浅く切れ目
切り口

焼く（ロースト）
焼きナス

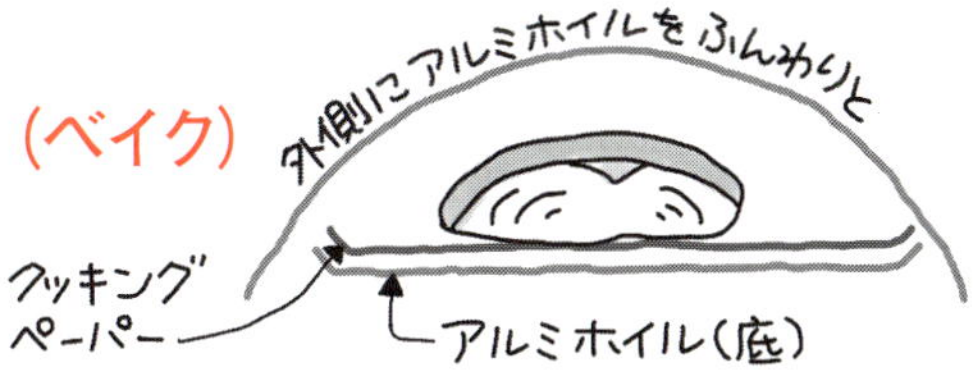

外側にアルミホイルをふんわりと
クッキングペーパー
アルミホイル（底）

焼く（ベイク）
焼き魚

■オーブントースター

こんがり香ばしく焼くことも、じんわり焼くこともできる。コンロの火がなくても、焼きナスも焼き魚も安全でおいしくできます。

ＩＨヒーターや電子レンジにはできない、焼きナスや焼き魚といったあぶり焼きに適しています。庫内で焼く「囲われた火」なので安心。上下から加熱するのでひっくり返す必要がないのもうれしい。

ヒーターの熱で直接焼くことで焦げ目がつくトースト機能と、庫内の壁が熱くなって食材をじんわり温めるオーブン機能を兼ね備えています。オーブン機能だけがほしければ、アルミホイルをかぶせればいいのです。ドアのガラス部分ほか、熱くなる部分が多いので火傷には注意を。

シンプルハム＆焼豚

生肉にはまず火を通す。
一度にまとめてつくれば省エネです。

材料（つくりやすい分量）

豚肉ブロック（棒状）……… 各400g
漬け込み調味料
Ａ：シンプルハム用（豚肉：もも肉）
- 酒……………………大さじ１と1/2
- 塩…………………………小さじ 1/2
- 砂糖………………………小さじ 1/2
- コショウ …………………小さじ 1/6

Ｂ：焼き豚用（豚肉：肩ロース）
- 酒……………………………大さじ１
- 醤油…………………大さじ１と1/2
- 砂糖…………………………大さじ１
- コショウ ………………………… 少々

つくり方

1. 食品用のポリ袋に調味料を合わせる。繊維にそって棒状に切った肉を入れ、調味料をなじませて空気を抜いて袋の口を閉じる。これで、少ない調味料でも、しっかりと漬かる。２時間以上冷蔵庫に置いておく。焼く前に冷蔵庫より出し肉を常温にもどす。
2. アルミホイルを１枚敷いてオーブントースターに入れ、上からも１枚フワリとかける。20〜25分焼く。
3. 上のアルミホイルをとってもう1分焼く。こんがり焦げ目がついたらできあがり。粗熱が取れてから切り分ける。

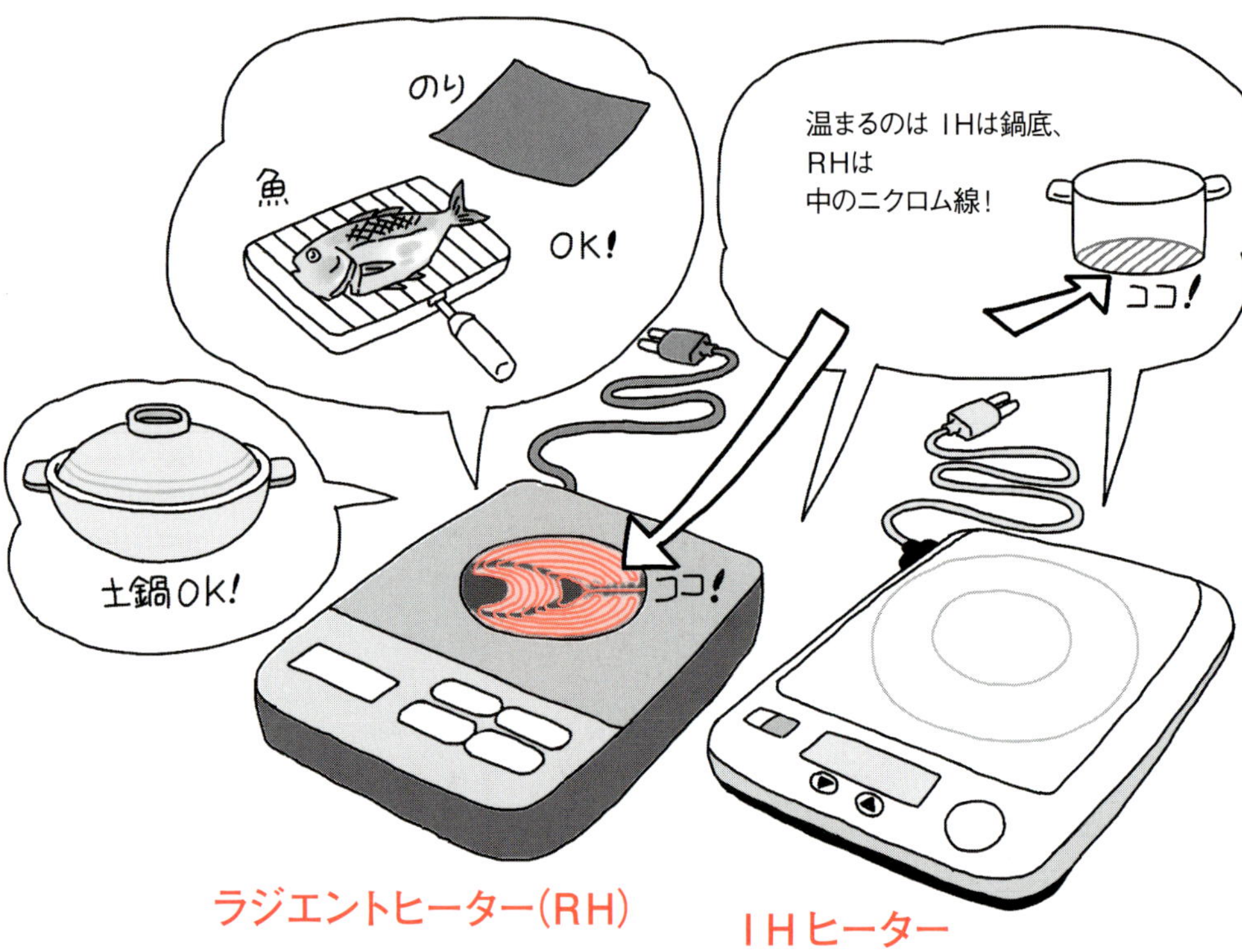

のり
魚
OK!
温まるのは IHは鍋底、
RHは
中のニクロム線!
ココ!
土鍋OK!
ココ!
ラジエントヒーター(RH)
IHヒーター

■ホットプレート

調理面が広いので、大きなフライパン・鍋として便利です。たくさんの調理が短い時間でできます。水を張って器を置いてフタをすれば、蒸し物もできます。

焼き物のとき、クッキングシートを敷けば掃除もいりません。裸の火ではないことのメリットです。

ただし「見えない火」なので、つい油断してフチにさわって火傷をしやすいかもしれません。疲れやすい被災生活なので、いつも以上に気をつけて。

■ラジエントヒーター

ラジエントヒーターは渦巻状にしたニクロム線を平らなセラミックプレートの下に埋めこんだものです。従来の電気コンロよりも早く熱があがるように改良されています。

炎は出ませんが、ＩＨヒーターと違いヒーター部分が直接熱くなるので、鍋の種類が限定されず土鍋・ガラス鍋なども利用することができます（ただし、ガスとは違い、炎は出さないのでなるべくフラットな鍋底のものが適しています）。

焼き網と組み合わせるとＩＨヒーターでは不可能な「ノリをあぶる」「もちを焼く」といったこともできます。ガスの炎はけっこう多くの水蒸気を出しているので、ノリをパリッとあぶるなら炭火のように〝乾いた火〟であるこちらのほうが上手です。

手元にあるものでつくる

あったかごはん

限られた水・燃料で
おいしく食べる、元気を守る

ほうとうすいとん
(レシピ:p97)

すいとんはポリ袋でこねて、材料もピーラーやキッチンばさみで切るので、まな板を使うのは最小限に。衛生的につくれて主食も野菜もしっかりとれます。

器解説 食後の洗い物を節約するため、お椀にポリ袋をかぶせていただきます。

煮炊きは短時間、水も節約

ヨーグルトチキンカレー

(レシピ：p27)

保温調理の応用。ポリ袋漬けでヨーグルト保存。フライパンにフタをして、短時間でやわらかく煮えます。

器解説　厚みのある紙袋などを折ってつくった舟形の器(折り方はp36)に、アルミホイルを敷いて食器として使います。

トマトパスタ

(レシピ：p28)

パスタは大量の水でゆでなくても大丈夫。少しの水でゆでながら、煮つめて味つけしてしまう省エネクッキング。

器解説　厚みのある紙袋などを折ってつくった箱型の器(折り方はp37)に、アルミホイルを敷いて食器として使います。

簡単にゅうめん

(レシピ：p94)

乾めんは別にゆでなくていいのです。すぐ煮えるそうめんなら、味つけした汁に入れてひと煮立ちさせるだけ。

器解説　厚みのある紙袋などを折ってつくった筒型の器(折り方はp41)に、ポリ袋をかぶせることで、汁物用の食器として使います。

ミネストローネ

(レシピ：p70)

野菜が早く煮えるように小さく刻んで。ビタミン・ミネラルを意識してとりたいときにうれしい野菜たっぷりのスープ。

器解説　新聞紙を折ったコップ形の器に、スタンド代わりの「はかま」をはかせて(つくり方はp36)。ポリ袋をかぶせてお椀代わりの食器として使います。

少ない水でおいしく調理

ブロッコリーのかか煮
(レシピ：p34)

ゴロゴロした野菜でも、少しの水と野菜自体が持っている水分で蒸し煮に。

アスパラ炒り煮
(レシピ：p35)

アクのない野菜なら、たくさんの水でゆでなくても、少しの水でじゅうぶん火が通ります。

ニンジンきんぴら
(レシピ：p34)

かたい野菜も、炒める途中で少しの水を“打ち水”することで、やわらかく仕上がります。

器解説　ペットボトルを切って食器として使います。ラップやホイルをかぶせて食後はラップ・ホイルだけを捨てれば、洗わずに再使用できます。

缶詰にひと工夫、うれしい「手づくりごはん」

サバ缶のサンガ焼き風

（レシピ：p69）

和風お魚ハンバーグ。缶詰もただ食べるだけでなく、ひと手間加えるとおいしいおかずに変身。

器解説　厚みのある紙袋などを折ってつくった長方形の器（折り方はp39）に、アルミホイルを敷いて食器として使います。

煮豆サラダ

（レシピ：p79）

器解説　ペットボトルの側面を切って、持ち手（キャップ部分）付きの食器に。ラップやホイルをかぶせて食後はラップ・ホイルだけを捨てれば、洗わずに再使用できます。

甘い煮豆を利用して甘酢風味のサラダに。市販のお豆でも脳にやさしく栄養補給。

頼りになる　豆の乾物とその仲間

炒り豆ごはんおにぎり

（レシピ：p79）

お豆のほんのりした香ばしさが気持ちをホッと落ちつかせてくれます。栄養もプラス。

器解説　厚みのある紙袋などを折ってつくった舟形の器（折り方はp36）に、ラップでにぎってそのまま包んだおにぎりをのせて。衛生的に食べられます。

豆のスープ

（レシピ：p79）

豆をしっかり食べるウイグル風のスープ。豆の種類は問いません。

器解説　ホット用のペットボトルの側面を切って、スープの器に。丸いボトルで不安定なので、舟形の器（折り方はp36）を台にしました。

高野豆腐のソフト焼き
(レシピ:p80)

いわば高野豆腐のフレンチトースト。
豆+牛乳で栄養バッチリ。

器解説　プラスティック製の器に、アルミホイル(料理が揚げ焼きなので)をかぶせて使用。食後はホイルだけを捨てれば洗わずに再使用できます。

チャプチェ
(レシピ:p80)

春雨は緑豆の粉の乾めん。主食になります。チャプチェは手間がかかるようですが、打ち水調理でちょっとの水・短時間でできる料理なのです。

器解説　厚みのある紙袋などを折ってつくった長方形の器(折り方はp39)に、アルミホイルを中敷きにして食器として使います。

ミネラル＆ファイバーの海藻乾物をたっぷりと

ノリ佃煮
（レシピ：p73）

古くなったノリのリフォームで佃煮に！　ホッとするごはんの供です。

コンブ佃煮
（レシピ：p75）

だしをとった残りを再利用。抗ストレスにミネラル補給を。

器解説　小鉢の内側にアルミホイルを二重に敷いて型をとったもの。少量・軽量のものならばホイルだけで器として使えます。

ワカメ炒め
（レシピ：p73）

“海の野菜”をたっぷり食べられるスピードレシピ。使うのは缶詰と乾物だけ。

器解説　厚紙のパッケージを半分に切り、アルミホイルをかぶせて使用します。

ヒジキと打ち豆の炒め煮

(レシピ:p74)

ヒジキと豆は懐かしいホッとする組み合わせ。打ち豆は早く火が通り、もどし汁もだしとして使えます。

器解説　発泡スチロールの器にアルミホイルをかぶせて断熱食器として使用。ホイルを替えれば洗わずに再使用できます。

寒天の中華サラダ

(レシピ:p77)

寒天をもどしてほぐすのは少量の水とポリ袋でやれば衛生的。和えるのもポリ袋で洗い物なし。

器解説　ココット型の内側にアルミホイルを二重に敷いて型をとったもの。少量・軽量のものならばホイルだけで器として使える。

野菜ときのこの乾物クッキング

キクラゲとダイコンの中華サラダ

（レシピ：p82）

ファイバーたっぷりのキクラゲ。必要なだけもどして使える乾物ならではの食べ方で。

器解説　リサイクル用に洗って乾かしてあった牛乳パックを箱型に組んで食器として利用します（p106 参照）。

切り干しダイコンのケチャップ煮

（レシピ：p83）

乾物を食べ慣れるための洋風味メニュー。日頃からなじんでおきましょう。

器解説　紙皿にアルミホイルをかぶせて使用。ホイルだけ替えれば洗わずに再使用できます。

カンピョウ丼

（レシピ：p84）

乾物のもどし汁はだしにもなります。だしをとらなくてもおいしいミネラル野菜メニューです。

器解説　市販の紙皿を使用。薄いタイプしかない場合は、熱い物、重い物を入れるときは重ねて使いましょう。

良質の植物性タンパク質「麸」

麸チャンプルー

（レシピ：p81）

植物性タンパク質で乾物として保存のきく麸を使って。ニガウリも米粉をまぶすと苦み知らずのできあがり。

器解説　厚みのある紙袋などを折ってつくった長方形の器（折り方はp39）に、アルミホイルを敷いて食器として使います。

小麦粉で、主食をつくろう

切りっぱなしパン
(レシピ:p97)

強力粉があれば、とりあえずパン。
面倒な成形は必要なし。切り分けた
生地を焼くだけでいいのです。

きな粉ホットケーキ
(レシピ:p33)

パンケーキ
(レシピ:p33)

きな粉を入れればミネラルたっぷり。
米粉でも同じようにできます。

薄力粉利用の基本形。
スキムミルクで栄養を強化。

器解説　厚みのある紙袋などを折ってつくった箱型・長方形の器(折り方はp37・39)に、アルミホイルを敷いて使います。

米粉にそば粉。「粉もの」でこんな料理も

ニンジンの米粉スープ

(レシピ：p98)

米粉はスープのとろみづけが得意。混ぜるだけでよく、食べごたえのあるスープができます。

器解説　発泡スチロールのカップ。耐熱容器かどうかは、カップの底か包装袋に表示があります。スチロールが細かく詰まっていて、透明感のないものは、ほぼ大丈夫。

そばがき

(レシピ：p99)

ほんのり甘く香るなめらかなもちのような口当たりのそばがきです。たれはお好みで（写真は左・ずんだだれ、右・ゴマだれ）

器解説　厚みのある紙袋などを折ってつくった舟形の器（折り方はp36）に、アルミホイルを敷いて食器として使います。

保存のきく野菜のスピード料理

梨もどき（ジャガイモ）

(レシピ:p111)

シャキシャキおいしい。新鮮な野菜の補給がないときに、サッと加熱するだけの省エネ料理でビタミンCを補給。

器解説　紙皿にラップをかぶせて使います。食後はラップだけ捨てれば、洗わずに再使用できます。

ダイコンもち

(レシピ:p108)

煮るのに時間がかかるダイコンも、おろして使えば短時間で水なし調理ができるのです。

器解説　厚みのある紙袋などを折ってつくった花形の器(折り方はp36)に、アルミホイルを敷いて食器として使います。

電気が来たら、炎のない安心調理

ピラフ（ポロ）

（レシピ：p29）

お米は炊飯器がなくても「ごはん」になるのです。IHヒーターやホットプレートで具と調味料といっしょに煮こみます。

器解説　木のお盆にアルミホイルをかぶせて大皿の代わりに使います。

シンプルハム

（レシピ：p47）

生肉はポリ袋で調味料に漬けてオーブントースターで焼けばハムの代わりに。

焼豚

（レシピ：p47）

漬ける調味料を醤油味にすると、おなじみの焼豚に。

器解説　市販の紙皿を使用。食器が洗えないときのために、ちょっとストックしておくと助かります。

身体も心もホッとする健康ドリンク
～粉もの・ナッツでつくる飲み物～

きな粉ドリンク
(レシピ:p101)

ほんのり香ばしいきな粉味で、滋養がたっぷり。米粉でとろみをつけました。

抹茶ドリンク
(レシピ:p101)

ビタミンC補給に抹茶をひと振り。

カシューナッツミルク
(レシピ:p86)

ナッツの風味が濃厚なパワフルドリンク。カロリーもしっかりとれます。

器解説　市販の紙コップを使用。紙コップなら、フチをつまめば幼児や衰弱した人にも飲んでもらいやすい吸い口をつくれます。

PART 2

「台所にあるもの」活用事典

1 水

なんと言っても生きるために必要な水。どんな水でもないよりはありがたいですが、少し気をつけておきたいポイントもあります。

軟水？　硬水？　確かめて

ここをチェック！ 備蓄用の水としてそろえておきたいのは、軟水（カルシウムやマグネシウムのミネラル含有量が少なめ）です。硬水（ミネラル含有量が多め）だと、人によっては下痢をしてしまいます。そうでなくても、ごはんを炊くとパサパサになってしまったり、お茶がおいしく出ないといった残念なことが起こります。

とくにミネラル添加などをしたものでなければ、日本産の水はおおむね軟水です。逆に、外国産の水は硬水のものが多くなっています。ただし、国産でも海洋深層水は軟水も硬水もあるので、表示を見てください。「硬度」の表示があれば、１００以下が軟水です。

保存するとき 1人1日2リットルの飲料水を確保しておきましょう。3日分はほしいところです。

未開封のミネラルウォーターであれば、だいたい2年間は保存可能とされています。5年保存可能を謳ったものもあります。年に一度の防災グッズ点検のときに、保存してあるものは使って、新しいものに更新しておけば安心です。

私は、保存用の水以外に、2リットルのペットボトルに水道水を入れて汲み置きしています。この水はあまりもたないので、毎朝植木の水やりに使い、詰めなおしています。細菌の繁殖を少なくするために、口いっぱいに入れて空気に触れる面を小さくするよう心がけています。

2 缶詰

常温で長期の保存ができる缶詰。壊れる心配も少ないので、いつもストックがあるようにしておきたいものです。無理なくストックするためには、ふだんから缶詰を使った料理もレパートリーに入れておくことです。

おすすめポイント 調理済みの缶詰は、開けるだけですぐに食べられるので本当に助かります。非常のときの安心食です。ストックするためには、「食べたくなる」本当に好きなおいしいものを選びましょう。大変なときにまずい食べ物は気がめいります。元気のためには自分がおいしいと思えるものをおすすめします。賞味期限が来る前にちゃんと楽しんで食べて、新しいものに取り替えておきましょう。

水煮、味つけ、いろいろそろえて

素材缶詰は調理してあるため、水もいらず、ゴミも出ません。下ごしらえ済みの省エネ材料と思いましょう。

ここをチェック！ 日本ではプルトップのイージーオープンのものが多いのですが、海外の缶詰は缶切りがないと開かないものが多いので、缶切りも準備しておきましょう。若い人でまったく缶切りを使ったことのない人は、練習しておくといいですね。

保存するとき 開ける前は冷暗所に保存する、賞味期限を守る、膨らんだ缶は食べない、変なにおいがする場合も食べない、のが原則です。

開けたらそのまま保存するのではなく、使い切るか、残ったら缶から出しておきましょう。食品用ポリ袋に入れておくのが、食器を洗う水がないときには衛生的にもおすすめです。缶詰は内側に食品用の塗料などが塗られていて高い熱には強くないため、缶のまま直火で温めることはおすすめしません。どうしても缶のまま温める場合はフタを開けて湯でゆっくりと温めましょう。なお缶詰を開けずに温めるのは爆発する場合があり、大変危険です。

■コーン缶詰

クリームスタイル（半つぶしのペースト状）とホールカーネル（粒状）の2種があります。用途の広い缶詰なので、多めにストックしておきましょう。

おすすめポイント　食物繊維の補給にもなります。クリームはソースやスープをつくるときに便利。水でのばしてゴマ油と溶き卵を加えると中華コーンスープになります。

ホールはバターをちょっと置いて電子レンジで温めるだけでバターコーンのできあがり。コーンたっぷりの「ワカメ炒め」（p73）はおすすめです。

おすすめポイント　塩分の有無、容量もさまざまです。

コーンスープ

とってても簡単でおいしい、応用もいろいろできるスープです。

材料（４人分）

コーン缶詰（クリームスタイル）… 1缶
牛乳………………………… 2カップ
（缶詰：牛乳＝1：1.5の割合）
塩…………………… 小さじ1と1/2
コショウ ……………………… 少々

つくり方

コーンと牛乳を合わせて混ぜる。温めて、塩・コショウで味を調える。

＊牛乳を豆乳にしたりトマトジュースにしてもよい。水で溶いた米粉でとろみをつけると食べごたえがアップ。手元にあるハムやソーセージ、ミックスベジタブルなど好みの具を入れて煮る場合は、焦げやすいので中火で様子を見ながら。

■ツナ缶

ツナはマグロ・カツオ類のこと。ツナ缶も原料がマグロだったりカツオだったりしますが、味や使い方に大きな差はありません。ブロック（塊）、フレーク（細かい）、オイル漬け、ノンオイル（水煮）など、種類がたくさんあるので、好みと目的に合わせて選びましょう。

おすすめポイント　魚の骨や皮をとってある下ごしらえ済み、加熱済みの省エネ素材。魚をさばく手間とゴミ処理がいらないのがうれしい。煮汁もスープとして使えます。

ここをチェック！　油入りか、水煮のみかを注意して見ておきましょう。カロリーが変わってきます。

エスニックサラダ

サケ缶でもできます。ニラを生で使うのが、このサラダのおいしさの秘密です。

材料（４人分）

ツナ缶……………………… 1個
ニラ………………………… 8本
レタス ………………1/2個ていど
A：酢……………………大さじ2
　砂糖 ……………………大さじ2
　豆板醤（またはコチュジャン）
　…………………………小さじ1/2
ゴマ油…………………………小さじ1

つくり方

1、ポリ袋にAを入れて外側からもんでよく混ぜる。
2、ツナ缶の水気を切って袋に入れ、調味料と軽くなじませる。
3、ニラはキッチンばさみで5センチ長さに切る。レタスは手でちぎり、2の袋に入れる。空気を入れてふくらませた状態で袋の口をしっかり閉めて、振り混ぜて全体に味をなじませる。
4、袋を切り開いて皿にかぶせるようにのせて盛りつける。

■魚の水煮・味つけ缶

サバ、イワシ、サンマ、サケなどがおなじみ。味つけも水煮や醤油味、味噌味にトマト味…といろいろです。あなた好みのものを見つけましょう。

おすすめポイント タンパク質源。そのままでも食べられるものが多いですが、水煮は塩味しかついていない分、何に混ぜてもよく、汁ごと使えます。タマネギなど、少しの野菜を足すとさらにおいしく食べられます。

ここをチェック! 0.2〜0.7%の塩味がついています。調理に使うときは、その分味つけを加減しましょう。

サバ缶のサンガ焼き風

細かくたたいた魚の身（なめろう）を焼くと「サンガ焼き」に。日本の伝統食です。

材料(10個分)

サバ缶（水煮）……………………1缶
万能ネギ……………………………5本
味噌……………………大さじ3と1/2
みりん……………………………大さじ1
片栗粉……………………………大さじ2

つくり方

1、ポリ袋に水気を切ったサバ缶を入れて、軽くもみほぐす。
2、味噌、みりん、片栗粉を加えて外側からもんでなじませる。
3、青ネギを小口切りにして2に入れて混ぜる。
4、6cm角に切ったホットクッキングシートに、ポリ袋の端を切って押しだし、10等分（1個30g）にして並べる。
5、オーブントースターで、表面に軽く焦げ目がつくまで焼いたらできあがり。ごはんの友に。
＊味噌味、醤油味などの味つけ缶のときは味を見ながら調味料を加減してください。

■貝柱缶詰

ホタテの貝柱を水煮しただけの、旨みたっぷりの缶詰。身の割れたものでもおいしさは変わりません。

おすすめポイント 干し貝柱はもどす時間がかかりますが、こちらは即、使えます。良質のタンパク質が補えます。サラダにでもスープにでも、何にでも使えます。汁もおいしいので、捨てずに使いましょう。食べる元気がないときでも、汁だけでも飲むとよいでしょう。

ここをチェック! 塩以外の味をつけたものやオイル漬けもあります。好みで使っていいですが、何にでも合うのは水煮です。

貝柱スープ

貝柱缶詰の汁はコハク酸がたくさんの上品なスープです。

材料(2人分・できあがり400cc)

貝柱缶詰…………………1缶（75g）
春雨……………………………………10g
万能ネギ……………………………1本
湯…………………………………2カップ
醤油…………………………小さじ1/2
コショウ(白)……………………適宜

つくり方

1、貝柱は汁だけを鍋に入れ、湯を加える。春雨を短く切ってさっとぬらし、鍋に加える。
2、醤油で味つけして貝柱を入れコショウを振る。ネギの斜め切りを散らす。
＊コショウを抜き、もどしたワカメを入れると和風の澄まし汁になる。数滴、ゴマ油を垂らし、ショウガの薄切りを1枚加えると中華風にもなる。

■トマト缶

トマトをトマトジュースとともに缶詰にしたもの。トマト丸ごとのホール缶と角切りにしてあるダイス缶、ペーストになったものなどがあります。

おすすめポイント トマトはグルタミン酸をたくさん含んでいるので、旨みの素としていろいろな料理に使えます。

ここをチェック！ 保存のため、塩分が入っています。追加の味つけは薄めに。

保存するとき 開けたらすぐに使うか、残ったものは速やかにガラス容器やビニールなどに移すようにします。

■ホワイトアスパラ缶詰

アスパラガスを日光に当らないように育てるとホワイトアスパラガスになります。やわらかさと旨みが特長。

おすすめポイント 穂の先がやわらかくておいしい。旨みが出ているので、汁ごとスープに入れて。

ここをチェック！ ごくやわらかいので、開けるときは缶を根元（下）から開け、芽の部分をつぶさないように気をつけてバットなどに全部移すように出しましょう。

ミネストローネ

材料は小さく切って、早く煮える省エネ料理。

材料（４人分）

ジャガイモ	1個
タマネギ	1/4個
セロリ	5cmていど
シメジ	1/2株
ニンジン	卵1/2個大
ベーコン	４枚（40g）
鶏手羽先	1本
サヤインゲン	４本
水	3カップ
サラダ油	大さじ1
ベイリーフ	1枚
A：トマト缶	1/2缶（200g）
塩	小さじ1
コショウ	少々

つくり方

1、野菜は約1cm角のさいころ切りにする。ベーコンは1cm幅に切る。
2、シメジは根元を切ってほぐす。
3、鍋に油をひき、ベーコンを炒めて水と手羽先、サヤインゲン以外の材料を入れて炒める。
4、水とAを入れて手羽先を加え（タンパク質のだしになる）、野菜がやわらかくなるまで煮る。ぶつ切りにしたサヤインゲンを加えてひと煮立ちさせる。

ホワイトアスパラスープ

ホワイトアスパラはマヨネーズで食べるだけではもったいない。シンプルだけど旨みたっぷりのスープ。

材料（2～3人分）

コンブ（5cm × 3cm）	1枚
卵	1個
アスパラガス缶	1缶
塩・コショウ	少々
水	2カップ

つくり方

1、コンブを水に浸し、大きくなったら沸騰させ、コンブを取り出す。
2、アスパラガスを3cmていどに切り汁ごと鍋に入れ味つけを調整する。
3、再び沸騰したら溶いた卵を糸のように流しこんでふんわりしたらできあがり。

手づくりクッキーで被災者支援？

東日本大震災から3週間ほどたったころのことでした。テレビでである料理研究家が「笑顔のクッキーをつくって被災地に送ってるんですよ、つくり方は簡単ですよ」とにこやかに話すのを見て、むしろ腹が立ちました。

まだまだ、ごはんが満足に食べられていないところがあるのに、そこへ送るための大事な物資輸送のスペースを、そんなものを送るために取られるなんて……。本当の栄養補給を少しでも早く、じゅうぶんにしなければいけないときに自称「愛のこもった支援」などは送る側の宣伝にはなっても被災者にはありがた迷惑なのです。

おやつも〝心の栄養〟として必要、ということはあります。でも被災者の中には当然、アレルギーの人もいます。そうした人たちは、原材料表示もなく、きれいにリボンがそえられただけのクッキーを自分が食べていいのか、子どもにあげていいのか、判断できません。現場で炊き出しに来てくれるなら、直接目で見て話を聞いて確認することもできるのですが。もしも、どこで誰がつくったか何が入っているかもわからない〝善意にあふれた〟手づくり食品が殺到したら、それこそ害悪です。

私だったら、このクッキーに豆の粉であるきな粉をたっぷり入れて、原材料を明記したメモをつけて送ります。非日常の状況に置かれて身も心も消耗して、生活環境も悪く食事もままならないときには、ミネラル補給ができることを意識したいのです。見た目の可愛らしさは二の次です。

実際、親しい豆食品の老舗に協力してもらって被災地に豆製品を送ろうとしたのですが、送料の負担割合など法律上の規制がきびしく、結局は現地に送ることができませんでした。阪神・淡路大震災のときはいただく側だったので気づかなかったのですが、この度のことから、災害救助法そのものが時代に合わなくなっていると思いました。

他の方法でも行政の杓子定規な対応でなかなか送れず、現地に入っている医師のグループのツテをたどって、なんとか届けてもらうことができました。「目に見える支援」をするためには、日頃からつきあいのある信頼関係の中で、相手が本当に何が必要なのかをよくわかった上でやりたいものです。

避難の心得

長期に避難することになったら、まず、自宅の電気のブレーカーを落としてください。ガス器具の元栓も閉めます。不在のときに復旧して漏電やガス漏れが起こるのを防ぐためです。

避難先・連絡先を誰かに伝えるか、わかるように貼り出しておきましょう。復旧がはじまると、住人と連絡がとれないと進まないことがいろいろと出てきます。

子どもはとくに、被災地にガマンして残すより安心して暮らせる環境に出してあげることも大切です。どこにも避難できないお友達がいたら、いっしょに連れて行ってあげましょう。一生、面倒を見てくれということではないのです。ほんの少しの思いやりで、子どもたちに少しでも「ふつうの暮らし環境」を確保しましょう。

3 乾物

乾物は基本的に常温保存が可能で、好きなときに好きな量だけをもどして使うことができるので便利な食べものです。でも家庭での調理が減ってきた昨今、調理に慣れていないと「もどす」のが面倒と思うらしく、日常の食卓に登場しなくなりました。そのため、乾物を食べたことがないという子どもたちも出てきました。

ヒジキなどもどし方にコツがあったり、切り干しダイコンなど独特の風味があったりするので、いざというときに乾物料理が出てきても食べられないということがないように、ふだんから食べ慣れておきたいものです。

海藻はビタミンやミネラルが多く、高野豆腐や豆はよいタンパク源に、干した野菜はよい食物繊維の素になります。よいだしが出るものもあります。お好みの材料をたくさん試して見つけておきましょう！

風通しのよい、日の当たらない場所で保存します。また、ポリ袋に密閉するより、紙袋で通気のよいところにつるしておいてもかまいません。夏場の切り干しダイコンやカンピョウなど、場合によっては冷蔵庫に入れたほうがよいものもあります。湿気と虫がつかないように密封しましょう。

■ノリ・アオサ

低カロリーでビタミン類が豊富でミネラルも多い。軽くて保存もしやすい。

おすすめポイント ミネラルの少ないインスタント食品にはノリをプラス。カップラーメンには全形1枚を足すとおいしさと栄養バランスがアップします。

フレーク状になっていることが多い「アオサ」はノリとは別の植物ですが、磯の香りと鮮やかな緑が特長です。汁やごはんにそのままふりかけて手軽に海藻補給。

ここをチェック！ ノリは特等～等外まで7段階に分かれます。青みを帯びた光沢のある黒色で、香りがよく、よく乾燥したものがよいノリです。本物のアサクサノリを使ったものはとてもおいしい（ほかの海藻を混ぜてノリとして売っているものもあります）。

左：全形（21 × 19cm が基本）、右：アオサ

保存するとき　湿気《しけ》ると香りが台なしになるので、封を切ったらすぐに使い切るか、缶に食品用の乾燥剤を入れて保管。

ノリ佃煮

穴があいたり欠けたノリ、湿気《しけ》たり変色したりくっついてしまったノリでも大丈夫。とびきりおいしい手づくり佃煮になります。

材料（できあがり約1カップ分）

ノリ（全形）………　10枚（60g）
A：みりん…………………1/4カップ
　醤油……………………1/4カップ
　水……………………………2カップ

つくり方

1、ノリはざっとちぎってAを加えて混ぜる。
2、焦げつかないように底からよく混ぜながら中火で煮つめてできあがり。できあがりの目安は、木べらで鍋底に線が引けるくらい。
＊古いノリで日なた臭さが気になる場合は、たっぷりの水につけてさっとかき混ぜて洗う。ザルにあげて水を切り、鍋に入れる。

■乾燥ワカメ

ミネラルも食物繊維も豊富、どこでも安価で手に入る使いやすい海藻です。海に生えているときは褐色で、緑色のワカメは一度火に通してある証拠です。もどし汁はだしにはなりません。

おすすめポイント　野菜が少ないときの青野菜代わりに使いましょう。ポリ袋に少量の水を入れ空気を抜いてもどします。

ここをチェック!　もどすと量が増える（元の九倍になります）ので、もどす器の大きさと水分量を考えて使いましょう。塩蔵や灰蔵のものはもどすのに大量の水が必要なので、災害時にはちょっと使いにくくなります。乾燥カットワカメを常備のレパートリーに入れましょう。産地も確認して、できれば国産を選びたいですね。湿気《しけ》させないことも大切です。

ワカメ炒め

野菜炒めの感覚で、ワカメがモリモリ食べられます。

材料

乾燥ワカメ…10g（もどして130g）
コーン缶詰（ホールカーネル）
……………………………1/2缶（70g）
A：醤油……………………大さじ1/2
　砂糖……………………大さじ1/2
ゴマ油……………………………小さじ1
カツオ節……………………　小2袋

つくり方

1、ワカメは水でもどして、よく水気を切り、食べやすい大きさに切る。
2、フライパンを温めてゴマ油をひき、ワカメとコーンを炒める。
3、Aを入れて混ぜ、さっと炒めて最後にカツオ節をまぶす。

左：芽ヒジキ、右：長ヒジキ

■ヒジキ

数ある乾物の中で、ヒジキはヒ素が含まれているため、特別な取り扱いが必要です。といっても「水でもどす、そのもどし汁は必ず捨てる、加熱して食べる」を守れば大丈夫。小枝だけを集めた芽ヒジキと、茎の長い部分も入った長ヒジキがあります。「生ヒジキ」は乾燥したヒジキを蒸したものです。海藻の中ではカルシウムが多いとされます。

おすすめポイント 芽ヒジキは切らずに使えるのでもどして水を切ったらそのまま調理できます。

ここをチェック！ ヒ素を流すため、調理には比較的多くの水が必要です。

ヒジキと打ち豆の炒め煮

海と畑の乾物でできる、しっかり和風の味。非常時に懐かしい味を食べるとホッとします。

材料（4人分）

乾燥ヒジキ……………………………25g
打ち豆……………………………1/2カップ
油揚げ…………………………1枚（60g）
醤油………………………………大さじ2
砂糖………………………………大さじ2
だし………………………………1カップ
打ち豆もどし汁………………1カップ
ゴマ油……………………………小さじ1

つくり方

1、ヒジキを水につけて10分置き、手ですくって取り出す。
2、打ち豆は1と1/2カップの水に10分浸しておく（もどし汁使用）。
3、油揚げはせん切りにする。
4、鍋を温めて、ゴマ油でヒジキをざっと炒めて、打ち豆、打ち豆のもどし汁、油揚げ、調味料とだしを加えて煮含める。

＊打ち豆とは、大豆を石臼に乗せて木槌などでたたきつぶし、乾燥させた保存食。そのままの大豆より早く煮える。家庭の常備菜として、昔はよくつくられた。

■コンブ

日本のだしを支えるコンブ。その旨みの成分は天然のグルタミン酸です。たくさんの種類がありますが、だしをとるコンブと煮て食べるコンブに分かれます。

真コンブ、利尻コンブなどは肉厚でとてもよいだし汁がとれます。だし汁をとった後も旨みが残っているので、刻んで佃煮にしましょう。

日高コンブは薄く、早く煮えるので煮物に向きますが、だしとりには不向き。

コンブ

おすすめポイント 日本人がとるヨードは味噌汁に含まれるだしでじゅうぶんとも言われるほど、コンブはヨードをたくさん含んでいます。よいだし用コンブは小さく切ってそのまましゃぶっていてもおいしく、おやつになります。

ここをチェック！ だし用のコンブは赤黒く、白く粉が吹くような厚みのあるコンブを選ぶといいでしょう。

使うときはじゅうぶんに水に浸して元の形より大きくなってから火にかけ、沸騰する前に取り除きます。水が低い温度から湯になるときに旨みが引き出されます。あわてて強火にはせず、水にじゅうぶんつけて、さらにゆっくり温めるのが深い味を出すコツ。

酸（酢など）につけると、コンブの繊維はやわらかくなる性質があります。コンブを煮るときは蒸発して酸っぱさを残さない発酵酢（たとえば米酢）を使うのがおすすめ。レモン汁はクエン酸なので酸っぱさが残ってしまいます。

保存するとき 3cm×5cmに切って、ビンか缶に詰めておくと、手軽に使えて便利です。

コンブ佃煮

捨てるなんてもったいない！　だしをとってもまだまだ食物繊維とミネラルの宝庫です。

材料(できあがり 1/3 カップていど)

だしをとったあとのコンブ ……100g
水……………………1と1/2 カップ
A：酢………………………大さじ2
　砂糖………………………大さじ1
　みりん……………………大さじ1
　醤油………………………大さじ3
ゴマ…………………………少々

つくり方

1、コンブは繊維を切るように細く切る。
2、小鍋に水とAを入れてコンブを加え、ゆっくり煮つめる。
3、盛りつけてゴマを振る。

■おぼろコンブ・とろろコンブ

おぼろコンブもとろろコンブも酢に漬けてやわらかくしたものを薄く削ってつくります。おぼろコンブは1枚のコンブの表面を薄く削ったもの、とろろコンブは何枚も重ねてプレスし、縦向きに薄く削ったものという違いがあります。

おすすめポイント 火を使わずに食べられ、ミネラル分がとれ、食物繊維も豊富。

おぼろコンブは1枚になるのでぐるっと包むおにぎりや和えものなどに向きます。とろろコンブでモワモワと巻くのも面白い。とろろコンブは溶けやすく、お湯を注ぐだけでお吸い物になります。

ここをチェック! 繊維をやわらかくするため酢酸液（酢など）に浸してつくられます。つくる人には便利でも食べる人にはいらない食品添加物が使われていないか、確認しましょう。

保存するとき 空気にさらさないように密閉しておき、いったん封をあけたら、なるべく早く使うようにします。

おぼろコンブ

とろろコンブ

ペットも避難の準備を

いまやペットは家族も同然。避難方法を考えておきましょう。阪神・淡路大震災のとき、わが家の猫も行方不明になりました。3日後に、大きな声で「ニャー」と鳴きながら帰宅を教えてくれました。どこにいたのかはわかりませんが、よく眠れなかったのでしょう、目が真っ赤でした。しっかり抱いてやりました。

その後は、猫を連れて避難する場合に備えてエサとトイレを入れたケージを用意するようにしました。また、リードも買って、慣らすためにときどきつけています。目の細かい大きなランドリーネットも、中に入れてしっかり抱けば、混乱の中でパニックになって逃げ出してしまうのを防ぐことができます。ご自分のペットに合わせた小さな準備を日頃から。

■寒天

テングサなどの海藻からつくられる寒天。同じプルプル固める素材でも、ゼラチンはタンパク質なのでキウイなどの酵素で溶けてしまいますが、寒天なら固められます。固めるだけでなく、もどしてそのままサラダなどに入れてもいいのです。本来の棒寒天は1本30㎝の長い棒状のものが2本入りで売られていましたが、スーパーの棚に入りにくいということもあり、写真のような半分サイズで4本入りで売られることが多くなりました。

おすすめポイント 食物繊維がたくさんとれます。

棒寒天（角寒天）、糸寒天、粉寒天などがあります。家庭では水でもどして、そのまま食べる食材にもなる棒寒天、糸寒天がおすすめ。

ここをチェック！ 食材として使う場合、加熱すると溶けてしまうことをお忘れなく。

固めるために寒天を煮溶かす場合は、必ず水から入れて全部溶けてから砂糖などで味つけをします。煮溶ける前に味をつけてしまうと溶けきらずに塊が残ったり、固まりにくくなったりします。

左：糸寒天、右：棒寒天（ハーフサイズ）

寒天の中華サラダ

食物繊維がたっぷりとれるサラダです。和えるのもポリ袋ですませましょう。

材料（4人分）

棒寒天……………………………1本
キュウリ……………………………1本
鶏ささみ…… 1本（車麩2個でもよい）
塩……………………………ひとつまみ
A：酢……………………………大さじ2
　　砂糖…………………………大さじ1
　　塩……………………………ふたつまみ
　　ゴマ油………………………小さじ1
炒りゴマ（白）…………………小さじ2

つくり方

1、寒天を1/4に割り、ポリ袋に少量の水と入れてもどす。
2、キュウリはせん切りにする（スライサーを使うとよい）。
3、ささみは塩をまぶして、小鍋にフタをするか、ラップをかけて電子レンジ５００ｗ１分３０秒で火を通し、さいばしで平らに伸ばして細くほぐす。または、車麩を使うときは、ポリ袋に少量の水を入れてもどし、細長くほぐす。
4、Aの調味料に3のささみ（または車麩）を混ぜ、さらによく水気を絞った寒天を細くほぐしながら混ぜる。キュウリも混ぜて盛りつけてゴマを振る。

■豆

肉や魚と同じようにタンパク源（アミノ酸源）になります。大人は脳を維持するだけの栄養素があれば何とかなりますが、発育途上の小さな子どもから二十歳くらいまでの若者はなるべく途切れずに脳をつくるための栄養素（アミノ酸）をとらなければなりません。食べられるものの量が少なくても、その10～20％の豆をとることで子どもの脳は発達します。ごはんなどエネルギーになるでんぷんに少し足すだけでじゅうぶんです。非常時にはとくに意識して食べましょう。

水で数時間、じゅうぶんもどしてからゆでます。ゆで方は上の写真解説を参考にしてください。

変り種は炒り豆。もどさないで煮ても、すぐ煮えます。ダイズの炒り豆は精進のだしの素になります。

おすすめポイント ダイズはタンパク源として昔から利用され、利用しやすい加工品（打ち豆、高野豆腐など）も多くあります。

金時豆、花豆、虎豆などのインゲンマメの仲間は、でんぷんが多く主食にもなります。ダイズほどではありませんがタンパク質も含みます。どんな豆でも積極的に食べましょう。

ベジタリアンの多いインドでは、引き割りの緑豆やレンズマメ、ヒヨコマメの乾燥豆をよく使います。豆はダルと呼ばれ、皮を取った引き割りのものは水に10分ほどつけて、すぐに煮ることができるので、使いやすくおすすめです。

ここをチェック！ 変色、虫食いなどに注意します。

豆をたくさん食べると、お腹が張ることがあります。そんなときインドでは、クミンを飲むとよいと言われます。

保存するとき 虫が寄りやすいので完全密封できる容器に入れておきます。

p 79の写真の豆の解説

A列：インゲンマメ・アズキの仲間。ゆで汁を捨てるアク抜きが必要です。

①**白花豆**　大粒で肉厚、ホクホクとした食感。②**虎豆**　虎模様がかわいい。自然な甘みとすっきりした風味。③**金時豆**　インゲンマメの代表選手。甘煮だけでなくいろいろな料理に。④**アズキ**　食物繊維や鉄、ビタミンが多く、あん以外にも食卓に登場させたい。

B列：ダイズの仲間。ゆでるときにアクをすくいますが、ゆで汁を一度捨てる必要はありません。

⑤**黒ダイズ**　黒色の成分はアントシアニン。おせちのとき以外にも食べたい。⑥**ダイズ**　ダイズとお米の組み合わせは、必須アミノ酸バランスが優れた食事です。⑦**青ダイズ**　緑色のまま成熟するダイズ。色・味・香りよし。山形の「秘伝豆」が有名。

C列：加工された豆たち。水でもどしてすぐ、もしくはそのまま料理に使えます。

⑧**打ち豆（ダイズ）**⑨**打ち豆（青ダイズ）**⑩**ひきわり緑豆（ムング）**　中国では春雨に、インドでは粒でよく利用される豆です。⑪**レンズマメ**　豆食大国インドでポピュラーな豆。皮がむいてあり、早く煮えます。

豆のスープ

保温調理の原理を応用してつくる省エネ料理。中央アジア風のスープです。

材料（４人分）

インゲンマメ（虎豆）
乾燥１カップていど（１００ｇ）
＊豆はなんでもよい。下ゆでしておく。缶詰の煮豆でもよい。

Ａ：（だし）
鶏ひき肉 …………… 100 ｇ
タマネギ …………… 1/4 個
水 ……………… 1/2 カップ
ニンジン …………… 1/2 本
トマト ………………… 1 個

水……………………… 5 カップ
塩……………… 小さじ 1 と 1/2
ワンタンの皮 …………… 12 枚

つくり方

1、トマトは1cm 角に切り、ニンジン、タマネギは粗みじん切りにしておく。
2、1のタマネギと鶏ひき肉を混ぜ、水を加えてさらに混ぜておく。
3、5カップの湯に2を入れてよく混ぜる。そこに1のトマト、ニンジン、豆を入れてフタをし、20～30分保温する。
4、塩を入れて味をつけ、二つに切ったワンタンの皮を入れて混ぜ、火が通ったらできあがり。

煮豆サラダ

甘い煮豆はおかずというより箸休めですが、サラダにすれば煮豆の甘みでやさしい味のドレッシングに。たくさん食べられます。

材料（４人分）

甘煮豆……………… 市販品１袋
タマネギ ………………… 1/4 個
オランダパプリカ ……… 1/8 個
セロリ …………… 2cm ていど
パセリ ……………………… 少々
Ａ：酢 ……………… 大さじ１
油 ……………… 小さじ１

つくり方

1、タマネギは薄切り、セロリは小口切り、パプリカはタネを取って縦に細切りにする。
2、甘煮豆にＡを混ぜ、野菜を加えて混ぜ、味をなじませる。パセリをキッチンばさみで切って混ぜる。
＊市販の甘煮豆であれば、エンドウマメ、金時豆、花豆、うずら豆、黒豆などなんでもよい。

炒り豆ごはん

白いごはんに炒り豆をプラスしただけ。シンプルだけど滋味深い味で、どんなおかずとも合います。

材料（４人分）

米……………… ２カップ
塩……………… 小さじ 1/2
水……………… ２と 1/2 カップ
炒り豆………… 1/2 カップ

つくり方

1、米をといで吸水させておく。
2、炊飯器に米、水、塩を加える。炒り豆を加えて炊飯する。
3、炊きあがったら混ぜ合わせてできあがり。
＊生の大豆のとき（炒り豆のつくり方）電子レンジにかけられる耐熱の平皿に大豆を 1/2 カップぱらぱらとまき、ラップをせずにレンジ強で２分かける。豆の腹がぱちんとはじけたら炒り豆のできあがり。
＊黒豆でも同じようにできる。藤色に炊きあがったところに、酢大さじ3、砂糖大さじ３を混ぜると桃色すし飯になる。

■高野豆腐

常温で長持ちする豆腐。日本の伝統食の知恵に感謝、感謝です。日なた臭さを抜くため、一度水でもどして、手のひらではさんで上下から優しく絞ります。

おすすめポイント 大豆そのものよりも消化がよく、お腹が張ることがありません。味はあまりないので、スープや味つけによって、どんな味にでもなじむのがいいところ。食感も栄養もお肉の代わりとして使えます。

ここをチェック! 塩などで味つけをしていない汁に入れるとボロボロになってしまいます。先に味つけを忘れずに。

■春雨

緑豆やサツマイモなどのでんぷんを取り出してめん状に加工したものです。白くなるまでしばらく水につけておいてから熱湯に通すか、または炒めるなどして加熱して食べます。少々長いのですが、切らなくてもよいならスープなど水気の多いところにそのまま入れて調理してもかまいません。

おすすめポイント 一度加熱加工してあるので、めん類の中では、傷みにくいのが春雨です。

ここをチェック! 長さが短いものもあります。切る作業が入らないのでさらに楽です。

高野豆腐のソフト焼き

和風フレンチトースト。油でカリッと焼きあげると新しいおいしさです。

材料（4人分）

高野豆腐	3枚
A：牛乳	1/2カップ
砂糖	大さじ1
醤油	小さじ1
米粉	大さじ3
油	大さじ1

つくり方

1、高野豆腐はもどして絞り、四角に4等分する。混ぜ合わせたAにつけて吸いこませる。
2、フライパンを温めて油を入れ、高野豆腐に米粉をまぶして、全面をゆっくりとカリッと焼く。

チャプチェ（雑菜）

少しの水で短時間調理でつくります。

材料（4人分）

牛肉（赤身）	300g
砂糖	小さじ1
ニンジン	1/2本
ピーマン	2個
タマネギ	1/4個
春雨（乾燥）	200g
塩	小さじ1/4
醤油	小さじ2
コショウ	少々
ゴマ油	大さじ2

つくり方

1、牛肉は細切りにして砂糖をまぶす。野菜も5cm長さの細切りにする。
2、春雨はもどし、キッチンばさみで食べやすい長さに切る。
3、フライパンにゴマ油大さじ1/2を熱し牛肉を炒めて取り出す。
4、春雨を水大さじ2（分量外）を加えてさっと煮つめて取り出す。
5、ゴマ油大さじ1/2でニンジンを炒める。途中で大さじ1の打ち水をして蒸気を上げ、シャッキと仕上げる。
6、ゴマ油さじ1/2でタマネギを炒める。途中で大さじ1の打ち水をして火を通し取り出す。
7、残った油でピーマンを炒めてすべてをフライパンにもどし調味料を加えて混ぜ合わせてできあがり。

麩

小麦に含まれるタンパク質の一部であるグルテンを取り出して焼いたものです。精進料理では肉に代わる重要な食材。そのまま食べられますが、麩自体にはそれほど味はないので、いろいろな味つけをして楽しみます。形や大きさもいろいろな種類があり、地方独特のものを集めるのも楽しい。水でもどすと水っぽくなるので、味をつけただしやスープでもどしましょう。汁物にはそのまま入れて、味のついた汁を吸わせます。

おすすめポイント 高野豆腐とともに、生の肉や魚が手に入りにくいときは、貴重なタンパク質源になります。いろいろな料理に入れて、ボリュームアップしましょう。

乾燥したままの麩に砂糖などをからめて甘い味つけをすると、おやつにもなります。

ここをチェック! においで良し悪しがわかります。パンのような香ばしいにおいのするものを選びます。国産小麦を原料にしたものがおいしいです。表示を見て、いろいろなものが入っていないことを確認しましょう。

左：車麩、中：すき焼き麩、右上：ちくわ麩、右下：卵麩

麩チャンプルー

ビタミンたっぷりのニガウリとボリューム感のある麩で、肉なしでもメインのおかずになる一品です。

材料（4人分）

ニガウリ	1/2本
車麩	4枚
木綿豆腐	1/2丁
卵	2個
塩	小さじ1/2
カツオ節	小2袋
ゴマ油	大さじ1
A：砂糖	大さじ2
米粉	大さじ1

つくり方

1、豆腐はペーパーで包み、軽く水切りをしておく。
2、車麩は水またはだしでもどして絞り、細長くさいておく。
3、縦半分に切ったニガウリは、スプーンでワタとタネをこそげとる。5mm幅の薄切りにする。
4、ニガウリにAの砂糖をまぶし、米粉をまぶす。
5、卵は割りほぐしておく。
6、フライパンにゴマ油をひき、温める。豆腐を手でぐちゃっとつぶしながら入れ、水気を飛ばし焦げ目がつくくらいまで炒めて麩も加えて炒める。
7、ニガウリを入れて炒めてきれいな緑色になれば卵をまわしかけてさっと炒めてできあがり。器に盛りつけてカツオ節を振る。

■干しシイタケ

独特の風味をもち、もどし汁には生のときよりもたくさんの旨み（グアニル酸など）を含みます。コンブ（グルタミン酸）など別の旨みを合わせると、味の幅がぐんと広がります。コツは、だし汁の隠し味ていどに少量使うこと。

おすすめポイント カルシウムの吸収を助けるビタミンDの補給源としてもおすすめ。

肉厚で傘が開いていない冬菇《どんこ》と傘が開いて薄い香信《こうしん》などがあります。冬菇は歯ごたえがあるので煮物や炒め物に。香信はすしの具や和え物などに。

ビニール袋に入れてもどすと香りが飛びません。

傘が開いて薄い「香信」

炒め物からスープなどさまざまな料理に使えます。炒め物なら豆苗やコマツナなどの青野菜と合わせるのが彩りよく、旨みをからめるために水溶き片栗粉でとろみをつけてもよいでしょう。

ここをチェック！ 天日干しのものだとビタミンDが機械乾燥のものより多く含まれています。

■キクラゲ・白キクラゲ

いわゆる黒キクラゲは茶色っぽいキクラゲや裏に白い毛が生えているアラゲキクラゲなどがあります。キクラゲのほうがゼリー質が多く、食感がやや違います。どちらも水でもどして、和え物や酢の物、炒め物に使います。

白キクラゲはまた別の種類のキノコで、スープの具やシロップとともに甘味として食べることが多いです。

おすすめポイント 食物繊維が豊富です。こりこりとした食感を楽しんで。

ここをチェック！ キクラゲ類のもどし汁はだし汁にはなりません。

裏が白いアラゲキクラゲ

キクラゲとダイコンの中華サラダ

白と黒のツートーンのサラダにゴマをたっぷりふりかけてどうぞ。

材料（4人分）

キクラゲ(乾燥)……………………10g
ダイコン…………………… 卵2個大
ゴマ油……………………小さじ1
A：みりん……………………小さじ1/2
　醤油……………………小さじ1/2
　酢……………………小さじ2
　塩……………………小さじ1/4
ゴマ…………………… 少々

つくり方

1、キクラゲはもどしてせん切りにする。さっと湯通しして水気を切り、砂糖小さじ1/2（分量外）をまぶしておく。
2、ダイコンは繊維にそってせん切りにする。
3、Aを混ぜてキクラゲ、ダイコンを合わせて味つけする。最後にゴマを散らす。

■切り干しダイコン

切り干しダイコンは全国各地にいろいろなつくり方がある伝統的な日本の乾物です。細切りのもの、幅広のもの、輪切りのものなど、地方によって特色のある干しダイコンがあります。

おすすめポイント　乾燥させることで旨みやカルシウムなどの栄養素がぎゅっと詰まり、歯ごたえもシャキシャキとしています。

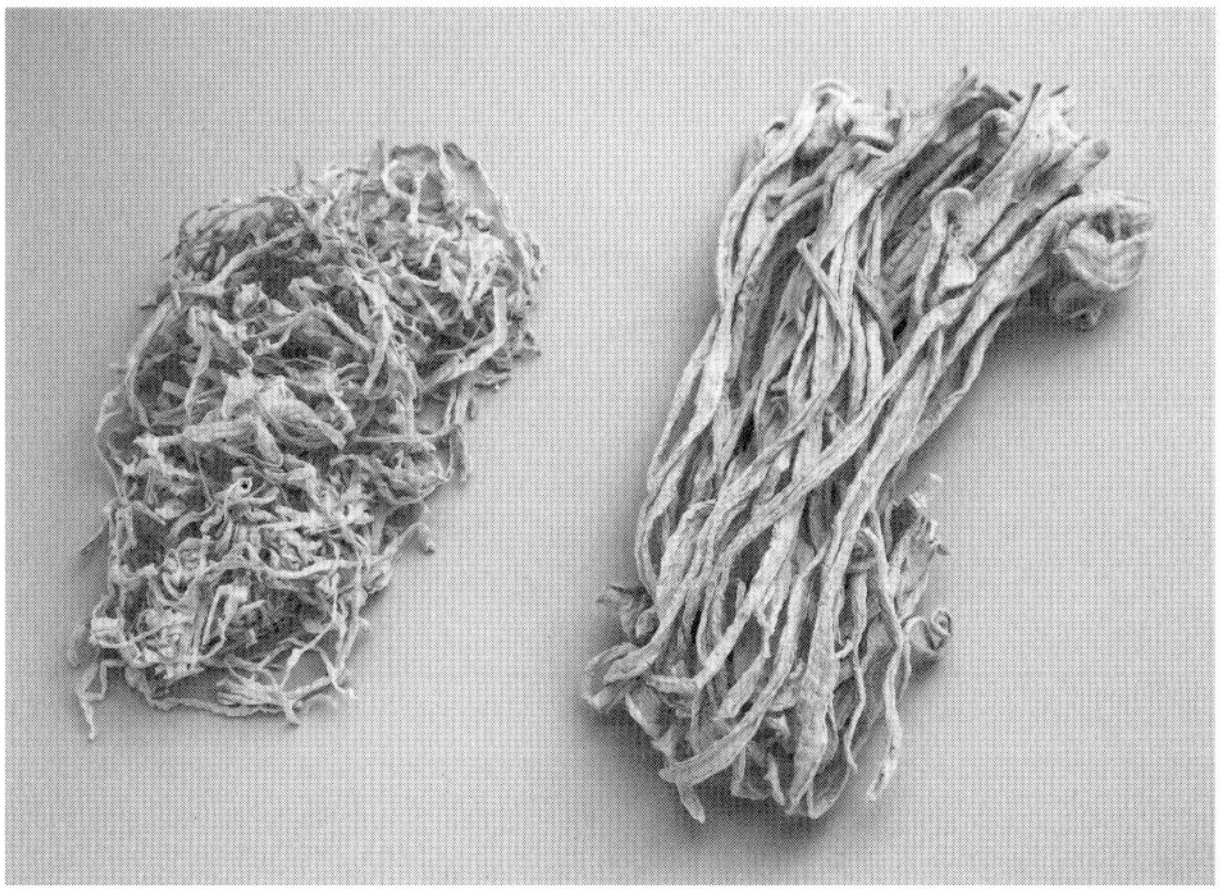
左：切り干しダイコン、右：割り干しダイコン

水でもどしてそのままサラダや和え物にしたり、煮物にしたり。乾燥したものをそのまま三杯酢などに漬けて酢漬けにもなります。

もどし汁は捨ててしまうのはもったいない！　野菜の旨みや甘みがあり、だし汁として使えます。

ダイコンの葉を乾燥させたものもあります。葉をもどすときは熱湯でもどし、もどし汁は捨てます。もどした葉は青野菜と同じように使えます。

保存するとき　糖分を含んでおり、空気に触れると酸化して茶色く変色しやすいので、封を切ったらすぐ使うか、冷蔵庫で保存します。冷凍でもかまいませんが、密封してほかの食べ物の臭いが移らないようにしておきましょう。

切り干しダイコンのケチャップ煮

切り干しダイコンは醤油味、とは限りません。食感と味の意外な組み合わせを楽しんで。

材料（４人分）

切り干しダイコン	40g
水	2カップ
サラダ油	小さじ１
A：トマトケチャップ	大さじ３
醤油	小さじ 1/2
コショウ(白)	少々
パセリのみじん切り(あれば)	少々

つくり方

1、切り干しダイコンはキッチンばさみで短く切ってポリ袋に入れ、水１カップを加えてもどす。もどし汁は捨てずに使う。
2、フライパンを温めてサラダ油を入れる。絞った切り干しダイコンを加えてさっと炒める。
3、油がまんべんなくまわったら切り干しダイコンのもどし汁と水１カップを加えてフタをし、やわらかく煮る。
4、切り干しダイコンが透き通ってきたらAの調味料を入れて、煮つまったらできあがり。パセリのみじん切りを散らす。

■カンピョウ

ウリ科のユウガオの皮をむき、幅3㎝ていど、長さ2～3ｍに削いで干したものです。江戸時代後期には食べられていて、すしや味噌汁の具、卵とじなどに使います。味はあまりありませんが、独特の歯ごたえも味のうち。もどし方は塩でしっかりともみ、表面に傷をつけてからサッと洗って絞り、さらに真水でもどすときれいに均等にもどります。

おすすめポイント 食物繊維が豊富です。〝食べられるヒモ〟のように使えるのでコンブ巻きや肉を巻いて止めるのにも使えます。しっかりとした歯ごたえと旨みがあるのにクセがないので、いろんな料理に使えます。もどし汁も精進のだしとして使えます。

ここをチェック！ 真っ白なものは硫黄で燻蒸してありますが、水に溶けるのでしっかりもどせば害はありません。

品質のよいものは触ると表面が滑らかで、少しベージュがかった白色をしています。

切り干しダイコンと同じように糖分が茶色く変化しやすいので、夏場は冷蔵庫で保存します。色が変わってしまっても少し味が落ちるだけで、食べられないことはありません。

保存するとき 封を切ったらすぐ使うか、冷蔵庫で保存します。長期に保存するなら、密封して冷凍すれば色が黒くなりません。

カンピョウ丼

親子丼にカンピョウを加えて、野菜の割合をアップ。食感の変化を楽しみます。

材料（４人分）

カンピョウ(乾燥) ……………… 80ｇ
鶏むね肉 ……………… ２枚（200ｇ)
青ネギ ……………………………… ４本
卵(M) ……………………………… ４個
カンピョウのもどし汁 …… 2と1/2カップ
A：みりん ………………… 1/4カップ
　　醤油 ………………………… 大さじ２
　　砂糖 ………………………… 大さじ１
ごはん ……… 小丼４杯分(約500ｇ)

つくり方

1、カンピョウはさっと洗い、塩小さじ1（分量外）をまぶしてよくもみ、塩を洗い流して3カップの水につける。やわらかくもどったら3ｃｍ長さに切る。
2、鶏肉は一口大の繊維を切るようにそぎ切りにする。
3、フライパンにAと鶏肉を入れて全体に味をからませ、火にかける。
4、鶏肉の色が変わってきたらカンピョウのもどし汁とカンピョウを入れてフタをして、じゅうぶんに味がしみてカンピョウに透明感が出るまで煮る。カンピョウが煮えにくいとき、途中で大さじ1のさし水をすると早く火が通る。
5、3ｃｍ長さに切ったネギを入れ、ネギがしんなりしたら溶き卵を回し入れてフタをして火を止め、蒸らして卵を半熟に加熱する。
6、器にごはんを盛り、具をのせる。
＊肉の代わりに麩を使ってもよい。車麩８個を乾いたまま４つ割りにするか、焼き麩なら１人５個くらい用意する。調味しただしにカンピョウを入れて煮て、カンピョウに軽く火が通ったら麩はもどさずそのまま煮汁に入れてフタをして煮る。あとは手順通り。

左：ズイキ、中：ゴボウ、右：コマツナ

■干し野菜・フリーズドライ野菜

薬味用のフリーズドライだけでなく、最近では直売所などであらゆる種類の干し野菜が売られています。使いたいときに使いたいだけ使えるのが便利です。

おすすめポイント 一般的に、干した野菜は味が凝縮されて旨みが増えます。刻んであったり、加熱済みだったりするので手間もかかりません。

ネギやワケギ、ミツバなどはそのまま薬味に。ニンニクももどす必要なく使えます。ゴボウやコマツナ、ニンジン、キャベツといった野菜は湯でもどすと独特の日なた臭さが抑えられます。もどしたあとはふつうの野菜として使います。

ズイキはサトイモの葉茎。いもがらとも呼ばれます。よく煮ると、トロリとしているのにシャキシャキ感もあり、不思議な食感。地味だけど滋味な食材です。保存性が高く、昔から飢饉のときの備蓄食とされていました。もどし方はさっと洗って5分ほど水につけたら水気を切り、かぶるくらいの水で5分ゆでてアクを抜きます。ザルにとって水気を絞って使います。

ここをチェック！ 色のよいものを選びます。古くなると色が黒ずんでくるので注意。よく乾燥しているものを買いましょう。

■ドライフルーツ・ナッツ

　基本的に、そのまま食べられるのが最大の特徴です。食物繊維があるミネラル源として食べます。中央アジアなど砂漠のあるところではパンと茶と、そしてナッツとドライフルーツで食事をすませてしまうこともあります。

おすすめポイント　ドライフルーツは干し柿、レーズン、アンズなどさまざまです。コーンフレークやミュースリー（穀物やナッツ、果物などを混ぜて牛乳をかけて食べるもの）に混ぜてそのまま食べたり、サラダに加えたり、肉と一緒に煮こんだり、甘さは控えめですが砂糖のように使うことができます。

　ナッツ類は塩分が加えられていることが多いので、塩のように使うことができます。クルトンの代わりに砕いてサラダやスープに入れたり、そのまま炒め物に。

左上：プルーン、左下：マンゴー、右上：柿、右下：レーズンミックス

ここをチェック！　レーズンやプルーン、クランベリーなどは、かたくならないように油がかかっていることもあります。油でアレルギーが悪化する人は、ノンオイルコーティングのものを確認して選びましょう。

　ナッツは含まれている油が酸化しやすいので、封を開けたら早めに使いましょう。においが悪いものは食べてはいけません。

　ピーナッツは芯の部分が悪くなりやすいので少し古くなったときは芯を取ります。またナッツに生えるカビは猛毒のアフラトキシンの恐れがあるので、カビたものは絶対に食べないようにしてください。

左上：ピスタチオ、左下：クルミ、右上：アーモンド（無塩）、右下：カシューナッツ（無塩）

カシューナッツミルク

　風味豊かで元気になれるドリンクです。カシューナッツ１００g、砂糖小さじ１（好みでハチミツでもよい）、湯300ｃｃ（２人分）をミキサーでなめらかになるまで混ぜます。またはすり鉢ですってもよい。

■煮干し

魚介類を煮て干したもの。カタクチイワシが多く、そのほかイカナゴの幼魚、エビ、貝柱、ホタルイカなどがあります。

おすすめポイント　だし汁の素として、また、そのまま食べたり、料理に入れたりすることもできます。

水に数時間つけてから煮出すと魚臭さが抑えられます。コンブといっしょに水につけておき、煮出すのがよいでしょう。内臓が傷みやすいので長く置いてしまった場合は内臓部分をとります。ふだんはそのまま使ってよいでしょう。

ゆでずに干したイワシ類はゴマメ（または田作り）と呼ばれ、煮干しよりも脂が多く傷みやすいもの。香ばしく炒って醤油と砂糖のたれとゴマをからめて丸ごと食べたりします。ゴマメはだし汁をとるのには向きません。

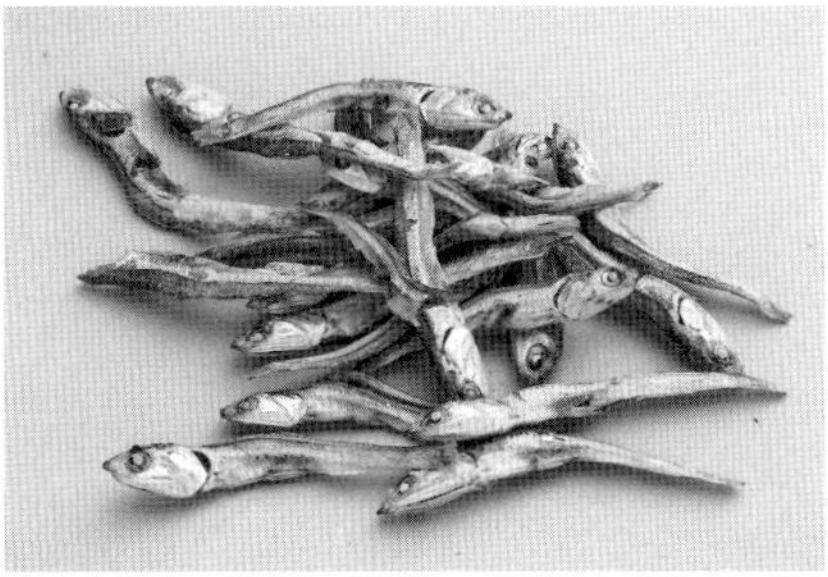

ここをチェック！　包装に脱酸素剤が入っていて、よく乾燥して、腹が破れていないものを選びます。

保存するとき　夏場は冷蔵庫で保存します。

■ちりめんじゃこ

カタクチイワシなどの幼魚を煮て干したもの。ただし煮干しと違ってだしはとれません。料理に入れて旨みをプラスする素材として使いましょう。

おすすめポイント　乾燥したままでも調理しても食べられる。塩味がついているので、旨みのある塩として使えます。

水分の多いものと少ないものがあります。かたいものは電子レンジや鍋でさらに乾燥させてフリカケにしたり、逆におかゆなどに入れてふやかして使えます。

ここをチェック！　腹が割れていたり黄色くなっているものは古くなっているので選ばないようにしましょう。原料が新鮮なものは山型（への字）になっています。エラそうに上向きにそり返っているのはダメかも。

保存するとき　水分が多いものは保存には向きません。かたいものも、夏場は冷蔵庫で。

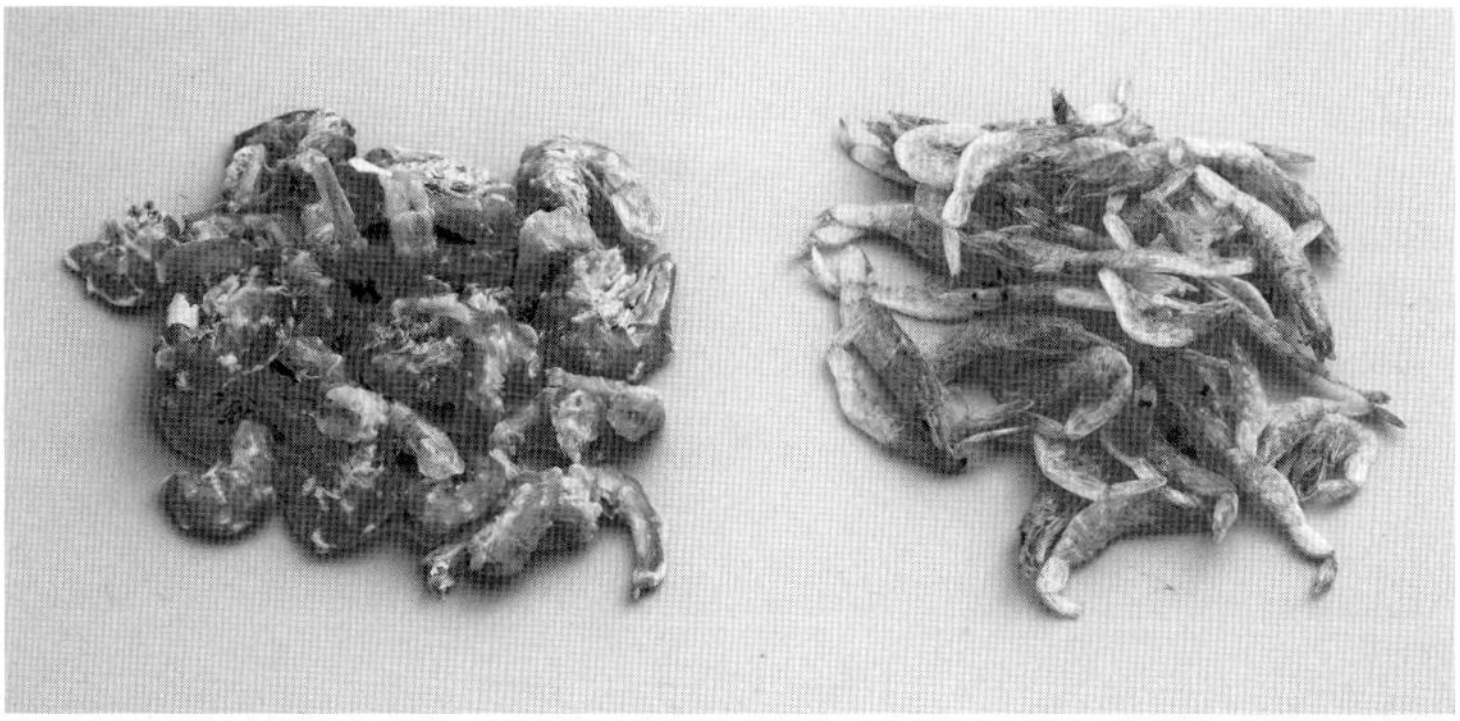

左：皮むきエビ、左：皮つきエビ（桜海老）

■干しエビ

干しエビには皮つきと皮むきエビがあり、肉厚のものはだし汁や煮物用、薄い皮つきの桜海老などはそのまま食材として天ぷらや炒め物に使います。皮むきのエビは水でもどして使いますが、そのまま食べてもいいのです。

おすすめポイント　乾燥したままでも調理しても食べられる。これも旨みのある塩として使えます。皮つき、皮むきどちらもカルシウム補給ができます。桜海老はさっと水をかけてから使うとおいしくなります。

ここをチェック！　色がきれいなものを選びます。

保存するとき　夏場は冷蔵庫で保存します。長期保存は密封して冷凍庫で。

豆はもやしもおいしい

打ち豆など加工されたものでなければ、ちょっと芽を生やして「もやし」にすると火の通りも早く、消化もよく、旨みもあって食感も変わります。少し時間がかかりますが、手間はかかりません。

手軽なのは緑豆です。洗って、ひと晩ほど水につけて水を吸わせたら、ザルに移します。ザルごとボウルに入れ、光を通さないようにフタをします（アルミホイルなどでもOK）。上から水を少しふりかけ、人間の活動温度帯（15～25度ぐらい）に1～2日置けば、皮が弾けて尻尾のような根が3～5㎜ほど生えてできあがり。カビを生やさないように注意してください。そのまま炒めて塩を振る、味噌汁に入れるなどふつうのもやしと同じように食べられます。

桜海老の佃煮風

ちょっとの量でカルシウムがたっぷりとれます。

材料（できあがり約0.5カップ）

桜海老……20g
砂糖……大さじ1
醤油……小さじ1
水……大さじ1

つくり方

1、桜海老はサッと水を通す。
2、調味料と水を加えて水気がなくなるまで煮つめる。
＊桜海老がない場合、オキアミを使ってもできる。ただしオキアミはエビに似ているが、種類が違う。小型のエビの代用として使われるほかにアミの塩辛などキムチや東南アジアの調味料としても使われる。赤く着色したものがあるので注意。

■カツオ節

下処理した魚を煮たあとに、昔ならマキの火で、いまはほとんど機械で乾燥させる「焙乾」をしてじゅうぶんに乾燥させたものを節（荒節）といいます。その節にカビづけをして、発酵させながらさらに乾燥させて旨みを出したものを本枯れ節と呼びます。サバ、アジなどのいろいろな魚が節になり、カツオからつくるものがカツオ節です。

左：削り節、右：本枯れ節

おすすめポイント アミノ酸とイノシン酸が旨みの素で、おいしいだしが出ます。

昔は、毎晩の夕飯の準備をするときに、逆さになったカンナがついた削り箱でカツオ節を削るのが子どもの役目でした。いまはあらかじめ削られた削り節を使うことが多いですが、味や風味はなんといっても削りたてがいちばんです。

パックされた削り節はだしをとるだけでなく、料理に振りかけるだけで旨みをプラスできます。塊りの節も削り節も、どちらも使えるといいですね。

ここをチェック！ 本来のカツオ節はカビづけした本枯れ節のこと。雑味がなく穏やかなおいしさで、水の国・日本の味の基本となる「だし」は発酵がつくりだした旨みなのです。削り節パックも、表示を見ると原料がただ「節（荒節）」の場合と「本枯れ節」の場合があります。おいしいのは後者です。

節のままのときは、身割れがなく形がきれいに整っているものを選びましょう。削り節はよい香りで、色も茶色がかっていないものを。

保存するとき 湿気を避けること。窒素充填されたものは常温でも保存できますが、開封したものは酸化を防ぐために、10℃以下の冷蔵庫がおすすめ。

■干し貝柱・スルメ

干し貝柱や干しアワビなどは中国では乾貨と呼ばれるほど珍重される高級食材です。小さいものから大きいものまでさまざまで、値段もそれによって変わってきます。でも、旨み（コハク酸）がたっぷりなので小さいから、崩れているからといって味に変化はありません。

もどすには数時間水に浸しておきます。もどし汁はだし汁に、もどったものも具として使えます。

スルメは内臓をとったイカ類を素干ししたものです。とくに多いのはスルメイカのスルメで、その他ケンサキイカやコウイカなどのスルメもあります。兵庫の明石には干しダコもあります。

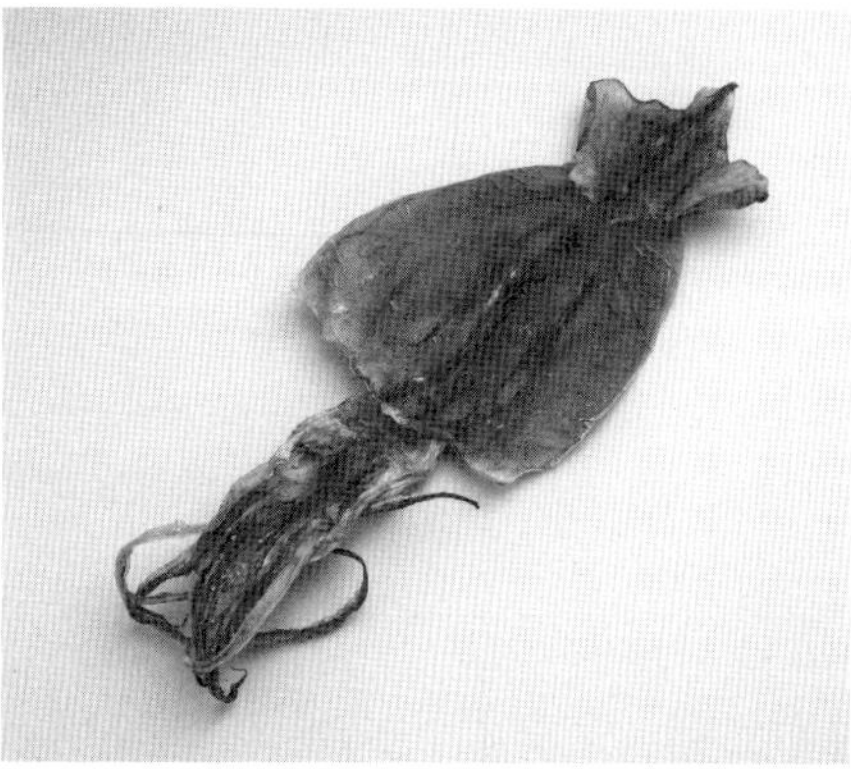

おすすめポイント 元気の素タウリンをいっぱい含んでいます。水でもどせば旨みたっぷりのタンパク質源です。

貝柱は旨みが濃いので、使うのはほんの少しでじゅうぶんです。特別な料理のときに。

スルメは軽くあぶって裂けば、そのままでおやつやおつまみに。また、旨みをじゅうぶんに含んでいるので水でもどせばおいしいだし汁がとれ、もどったスルメも適宜切ってスープの具や炒め物に活躍します。干しダコも同じように使えます。

ここをチェック！ 色がよく、においのよいものを選びます。

保存するとき できれば冷蔵庫に保存。スルメはコンブと同様に、1cm×2cmていどに切っておくと、だし汁の素として使いやすい。

海鮮おこわ

乾物の具だけでつくる、シンプルだけど旨みたっぷりのおこわです。

材料（4人分）

もち米	2カップ
醤油	大さじ1/2
みりん	小さじ1
スルメ（1cm×2cm）	3枚
干し貝柱	1個
水	1カップ（もどし用）
焼きノリ（全形）	1/2枚

つくり方

1、もち米は洗い、たっぷりの水につけて5時間くらい吸水させる。
2、スルメ、貝柱は各1/2カップの水で一晩やわらかくもどす。
3、もち米の水を切り、スルメと貝柱のもどし汁、醤油とみりんを入れる。米が水面からギリギリ頭を出すくらいの水加減になればよい。足りなければ少し水を加える。
4、貝柱は手で小さくほぐし、スルメは細く切り、米の上に広げてのせる（具を米に混ぜると米の対流がうまくいかないので、のせるだけにする）。
5、炊飯器で炊く。
6、炊きあがったら全体をよく混ぜ、刻みノリを散らしていただく。

4 米・ごはん・もち

パンやめんもいいけれど、日本のソウルフードはやっぱりお米。常温保存できるのも助かります。お米の食べ方もいろいろあることを知っておくと、いざというときに力になります。

■米（精米）

おすすめポイント

非常時の備蓄用には洗う水を使わない無洗米がいい？　と思うかもしれませんが、味つけごはんにするなら、ふつうの米を洗わずにそのまま炊いてもいいのです。また、米のとぎ汁は韓国では「白水」と呼んでスープに使うので無駄にはなりません。洗顔に使えば、少しですが米ぬか成分も入って化粧水も兼ねます（時間がたつと腐るので、とぎたてを使ってください）。ふだん食べないものをわざわざとっておく必要はありません。いつもの食べ慣れたお米を家族がしばらく食べていける量がつねにあるのがいいのです。

無洗米はぬかを表面から取り除いてあるため、とがなくてもよいのです。とぎ水が不要なので節水になります。ただし、とぐときに吸う水の分を増やして吸水させます。目安は2カップの無洗米で水５５０ccです。炊く鍋に入れて米が白くなるまで吸水させ、沸騰するまで強火で、ふきこぼれそうになったら弱火で12分、あと1分強火で炊き、火を止め10分蒸らします。

玄米も玄米だけで炊くと長い時間がかかりますが、少量（3合に大さじ2程度）を入れるなら、ごはんといっしょに炊くことができます。プチプチとした食感が楽しいごはんになります。赤米・黒米として売られているものも玄米です。

保存するとき

米は虫が入りやすいので、密封容器に入れて保存します。湿気にも注意します。玄米はぬかの部分が酸化しやすいので、夏場は冷蔵庫に入れたほうがよいでしょう。

■ごはん（炊いた米）

おすすめポイント

常温保存できるごはんのレトルトパックもあると、確かに心強いもの。塩分や添加物を含むものもあるので表示を確認してください。

「アルファ化米」というものも売られています。米のでんぷんは生のままでは食べにくく、加熱して「アルファ化」することでおいしくなります。アルファ化米は、一度炊いたごはんを乾燥させて保存性を高め、食べるときはお湯を注げばよいというもの。3～5年保存ができます。非常食として白ごはんや味つけごはん、おかゆなどがあります。

炊いたごはんが余ったら、サッと洗ってパラパラにほぐし、ザルやお皿に広げて天日か電子レンジで乾燥させます。昔からの保存・携行食「糒《ほしいい》」です。そのままでもよーく噛むとごはんの甘さが口の中に広がります。お湯を注いでもごはんにはもどりませんが、おかゆや雑炊は短時間でおいしくできます。炒って香ばしくすればあられやお茶にもなります。

そのほか、パーボイルドライスという加工品もあります。モミごと蒸してアルファ化させた米を乾燥・脱穀・精米したもので、いわば半調理してあるお米。炊きあがるまでの調理時間は2分程度です。主にインドより西で伝統的に食べられているもので、日本の米とは品種が違うため、炊きあがりはパサパサ、パラパラです。味をつけて食べるかゆや雑炊、チャーハンに向いています。日本の伝統食「焼《や》い米（焼き米）」とよく似ています。

ここをチェック！　レトルトや缶詰、パックされた商品は思わぬ添加物が入っていることがあるので表示を確認してください。

■もち

おすすめポイント　もちは食べやすいサイズで個別包装されたものが多くなり、日持ちする食べ物になりました。焼く、煮るだけで食べられるのがよいところ。カロリーは切りもち2個（1個50g）でごはん軽く1膳と同じぐらいです。さいころ状に切ってスープに入れたりしてもいいでしょう。

保存するとき　もちは個別包装の、食べ切りサイズのものが便利です。

もちのあたため方いろいろ

もちの下にオーブンシートかアルミホイルを敷き（もちによっては溶けてたれてしまうので）、オーブントースターでやわらかくなるまで10分ほど焼く。

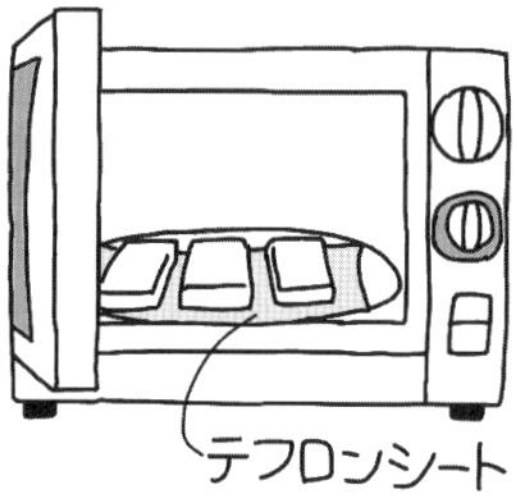

電子レンジでテフロンシートを下に敷き、500 Wで2～3分かける。もどりが足りないときは1分足す。

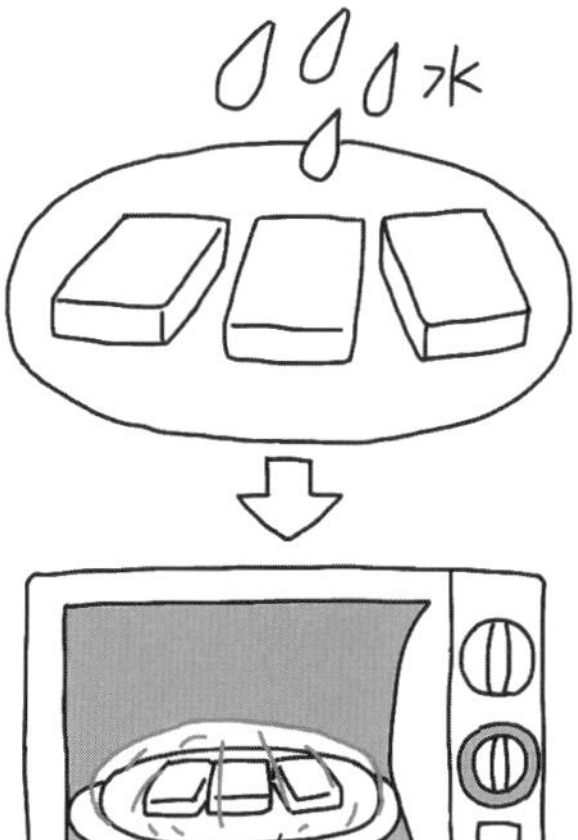

もしくは水をパッパと補いフタかラップをして電子レンジにかけるとやわらかくなりやすい。

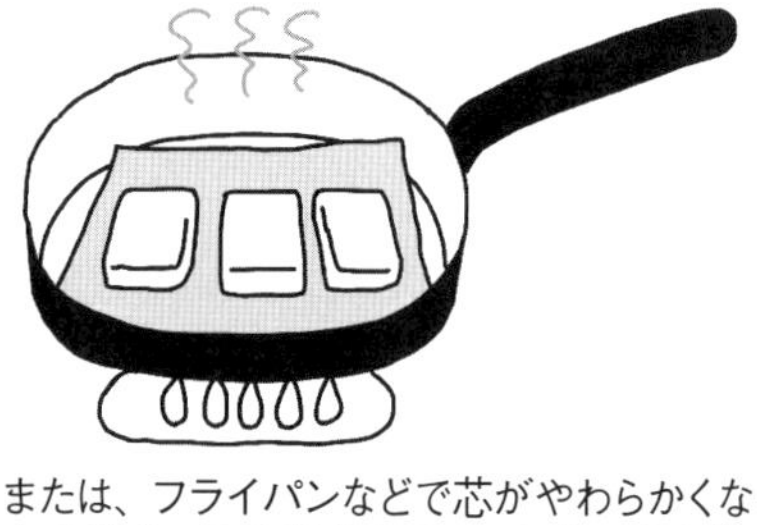

または、フライパンなどで芯がやわらかくなるまで焼く。この場合もテフロンシートを敷いてもよい。

醤油小さじ1、砂糖小さじ2の簡単なつけだれにつけて。

5 乾めん

右からそうめん、うどん、そば、ラーメン、スパゲティ、ショートパスタ

生タイプで要冷蔵のものが多く出回っていますが、保存できる期間の長さと節水料理には、昔ながらの乾めんです。そうめん、うどん、中華めんなど塩分を含んだ乾めんと、スパゲッティ、マカロニなどめん自体には塩分を含まないものがあります。小麦以外の材料でできたそばやビーフン（米が原料）もお忘れなく。

おすすめポイント 疲れたときには「ごはん（粒）」を食べるのがつらい、重いと感じることもあります。そんな食欲がないときに、めん類なら食べられるということも多いのです。老若男女、誰でもしっかり食べるために欠かせない食べ物です。

乾めんはｐ28で紹介したような「そのままゆで」ができますが、でんぷんをからめた生タイプのめんだとでんぷんがのりになってドロドロになってしまい、じゅうぶんにゆでられません。

そばはゆでた汁にも栄養が残っているので、そば湯として飲めばムダがありません。

パスタ類はスパゲッティのような長いものと、ペンネやマカロニのように短いショートパスタに分かれます。いろいろな形と食感を楽しみます。塩を入れてゆでるのが一般的ですが、じつは塩を入れなくてもゆであがります。どちらでもお好みで。

ビーフンは水につけてやわらかくしてからゆでると、1分ほどで調理できます。炒め物にする場合も水でもどしてから炒めればよく、先にゆでる必要はありません。

ゆであがっためんをしばらく置いておくときは、少量の油（ゴマ油、サラダ油、オリーブオイル）をまぶしておくと水っぽくなりません。そうめんやうどんの場合は油のほかに、ほんの一つまみの塩を足すと、のびを防ぐことができます。

ここをチェック！　そうめんなど、めん自体に塩分を含むものをそのまま調理に使うときは、味つけの塩分量を加減してください。

そうめん（またはうどん）は、おいしいものからふだん使いのものまで置いておくとよいでしょう。お財布との相談になりますが、よいものは小麦のよい香りがして、めんだけでもとてもおいしく、濃い味つけもいりません。食欲のないときにはおいしいものを食べたいのです。そばも同じです。

パスタは輸入品がほとんどです。さまざまな形があり、ソースのからみ方が違ったりするのでお気に入りを見つけてください。いろいろな野菜やキノコなどが練りこんであるパスタもあります。そうしたものは比較的賞味期限が早いので、確認しておきましょう。

スペッツレ(うどん)

めんがないならつくってしまおう！　という超簡単レシピです。

●材料(1人分)

薄力粉	1カップ
水	1/2カップ
塩	少々

つくり方

1、すべての材料を混ぜ、ゆるめの生地にする。
2、まな板など平らな板に出し、さいばしで端から細く押し出して鍋に落とし入れてゆでる。
3、ゴマ油＋醤油（中国風）など、好みの味つけでいただく。

簡単にゅうめん

味つけした汁で直接煮てしまうそうめんです。

●材料(4人分)

ダイコン	卵2個大
ニンジン	1/2本
油揚げ	1/4枚
青ネギ	1本
そうめん	1束
だし	
水	4カップ
カツオ節	小2袋
コンブ(トランプ大)	1枚
薄口醤油小さじ	1/2

つくり方

1、鍋に水、コンブを入れてしばらくおき、コンブが大きくやわらかくなったら火にかけ、煮立つ前に取り出す。カツオ節を入れ、ひと煮立ちさせて火を止め、しばらくそのままおく。沈んだカツオ節をすくいとる。

2、ダイコン、ニンジンは皮をむき、いちょう切りにする。青ネギは小口切りにする。油揚げは細く切る。

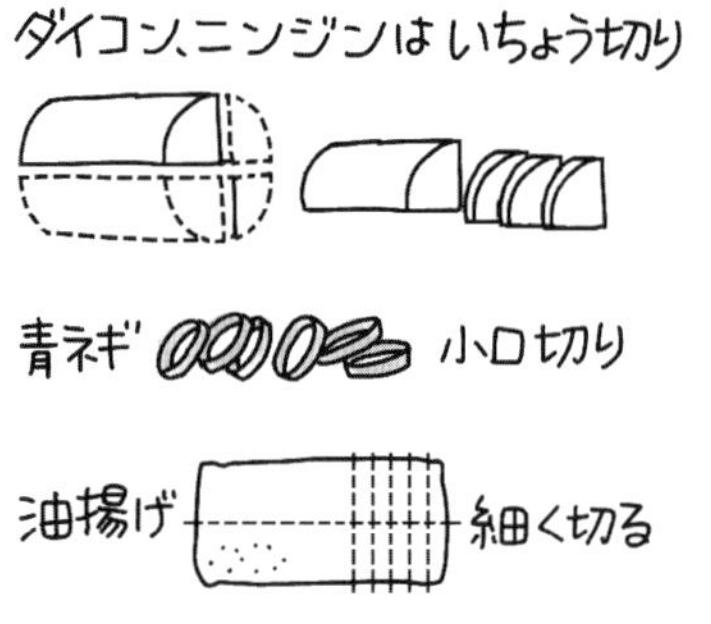

3、だしに醤油を入れ、ダイコン、ニンジン、油揚げを入れて、やわらかくなるまで煮る。

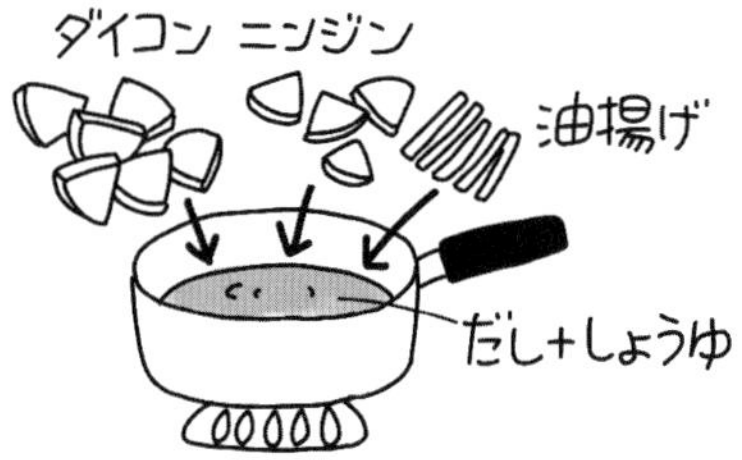

4、そうめんはポキッと半分に折って3に入れ、さいばしでサッと混ぜる。沸騰したら青ネギを散らす。

＊そうめん自体の塩分で味がつくので、風味づけていどの醤油を加えるだけでよい。

煮炒めうどん

うどんの塩気を味つけに利用します。別ゆでしないのでとろみがつくのがおいしい。

●材料（2人分）

うどん（乾めん）	1束
キャベツ	1/4個
豚肉	200 g
油	小さじ1
水	2カップ
カツオ節	小1袋（3g）
醤油	大さじ2
砂糖	大さじ1

つくり方　1、肉はざく切りにする。キャベツはせん切りにする。

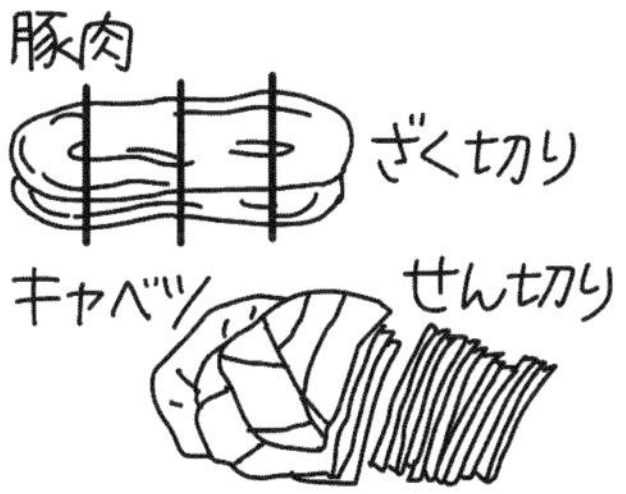
豚肉
ざく切り
キャベツ
せん切り

2、フライパンをあたため油をひき、肉を炒める。

3、水を加え、沸いたらうどんをポキポキ折って入れ、フタをして煮る。やわらかくなったら醤油と砂糖を加える。

うどん
水

4、キャベツを混ぜ、しんなりしたらカツオ節を混ぜ合わせる。

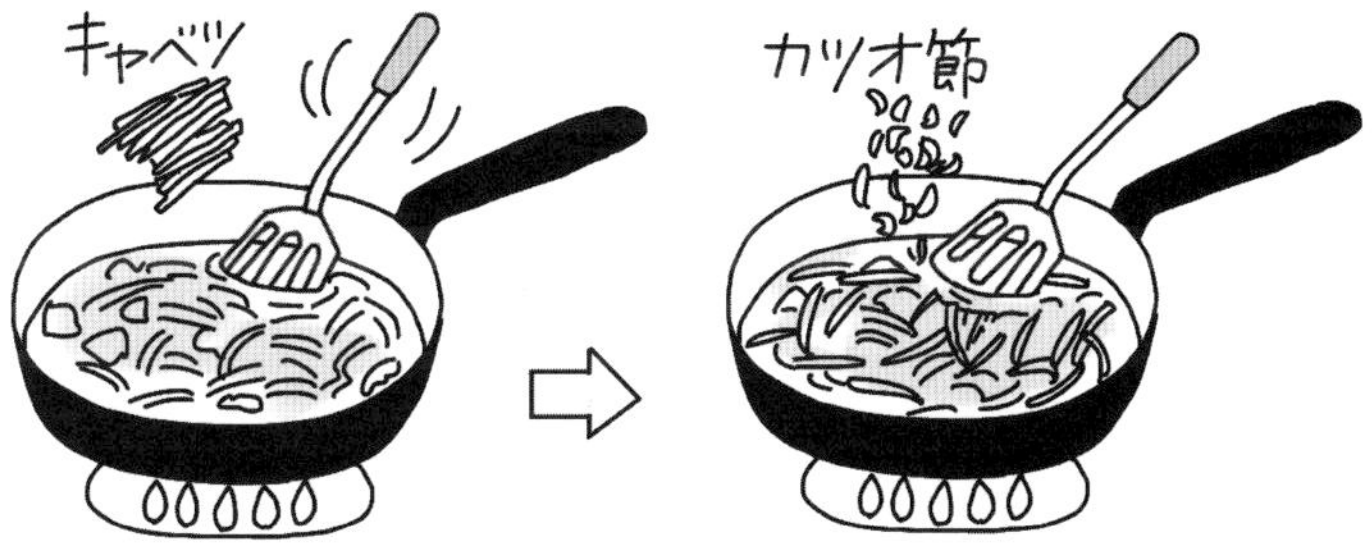
キャベツ
カツオ節

ブロッコリーのパスタ

少ない水でパスタをゆで（煮）ながらソースもつくってしまいます。ブロッコリーはくたくたになりますが、それがソースなのです。

●材料（1人分）

ショートパスタ （または折ったスパゲティ）	100g
ブロッコリー	1/2株
塩	少々
油	小さじ1
コショウ	少々
水	1と1/2カップ

つくり方　1、ブロッコリーはぶつ切りにする。

2、水をわかし、パスタ、ブロッコリー、塩を入れて混ぜ、パスタがくっつかなくなったらフタをする。

パスタ
ブロッコリー
塩

3、10～13分（パスタのゆで時間表示どおり）煮たらできあがり。食べる前に油、コショウを振る。

パスタによってゆで時間は
変わります

油
コショウ

6 粉もの

粉ものはでんぷんの代表格。手元にあれば、なんとでもなります。でんぷん以外の粉でも、何かに混ぜたりするときに便利です。

きな粉
麦こがし
米粉
小麦粉（薄力粉）
抹茶
片栗粉
そば粉
小麦粉（強力粉）

米粉、小麦粉、そば粉、片栗粉、くず粉、コーンスターチなどのでんぷん粉はエネルギー源になります。きな粉、抹茶、ココア、ヒヨコマメの粉（ベサン）、野菜の粉などは主に栄養補給源になります。

ホットケーキミックス、クレープミックス、から揚げ粉などのミックス粉もありますが、じつは何も入っていないもののほうがいろいろなものに使えて便利です。ミックス粉を使う場合は、中身に何が入っているか確認しておきましょう。重曹（ふくらし粉）が入っているのにベーキングパウダーを入れたり、砂糖が入っているのにさらに入れてしまったりといった失敗を防ぎます。また、アレルギーをもっている人は、なるべくシンプルなものを用意しておいたほうが、体調管理がしやすいでしょう。

保存するとき 高温多湿に弱く、虫が入りやすいので、密封できる容器に保存します。でんぷん以外の栄養補給源の粉類はなるべく冷蔵庫に入れるのがいいでしょう。ミックス粉は一回で使い切るか、あけたら早く使い切りましょう。

■小麦粉

小麦粉は強力粉《きょうりきこ》と薄力粉《はくりきこ》の二種類を持っておけば、たいがいの用途に使えます。粘り・ふくらみの素となるタンパク質のグルテンが多めなのが強力粉、少なめなのが薄力粉です。強力粉はパンやめん、餃子の皮などに向き、薄力粉はお好み焼きやホットケーキやクッキーなどのお菓子に向きます。

中力粉《ちゅうりきこ》や「準強力粉」もありますが、表示を見てどんな用途に向くのか確認してください。

「うどん粉」や「地粉」は国産小麦です。薄力粉に近いものが多く、たとえば平らに伸ばして幅広く切ったり、ひっつみのようにちぎったりするのに向いています。

ほうとうすいとん

薄力粉の団子が入って主食・おかず・汁物がひとつになった食事です。衛生的につくるには、まな板を使うのは最小限にしましょう。

材料（4人分）

豚肉……………………………100g
ダイコン……………………卵1個大
ニンジン……………………卵1/2個大
ゴボウ……………………………20g
カボチャ…………………………20g
万能ネギ…………………………2本
だし
　水…………………………4カップ
　煮干し…………………………10g
　コンブ（トランプ大）…………1枚
A：すいとんタネ
　薄力粉……………………1/2カップ
　水…………………………2/5カップ
B：味つけ
　塩……………………………小さじ1
　醤油…………………………大さじ1/2

つくり方

1、鍋に水、コンブ、煮干しを入れてしばらく置く。火にかけて沸騰したら火を止めてコンブと煮干しを取り出す。
2、皮をむいたダイコン、ニンジンは、包丁で縦に叩いて切れ目を入れ、それを鍋の上でそぐようにして切る（せん切りができる）。ゴボウはピーラーでささがきにする。
3、カボチャは1cm幅に切り2に加えて煮る。
4、豚肉はラップなどで持って鍋の上でキッチンばさみで切りながら入れて煮る。
5、塩、醤油を入れて味を調える。
6、Aをポリ袋に入れてよくもみ、タネをつくる。ポリ袋の空気を抜き、袋の端を切って押し出したタネをスプーンですくったりキッチンばさみで切って鍋に落とし入れる。
7、すいとんに火が通ったらネギをキッチンばさみで切り入れてできあがり。
＊すいとんのかたさは好みで加減する。水を増やせばそれだけやわらかくなる。

切りっぱなしパン

強力粉でつくります。難しい成形不要でこねもラク。できたてパンのおいしさを味わってください。

材料（8個分）

強力粉…………………………250g
砂糖………………………………20g
塩……………………………小さじ1
スキムミルク………………大さじ1
バター……………………………30g
卵1/2個＋水＝………………160cc
ドライイースト……………小さじ1

つくり方

1、食品用ポリ袋に強力粉をふるって入れ、砂糖・塩・スキムミルク・小さく切ったバターを入れて外側からもんで、バターの形がなくなるまですり混ぜる。
2、水と溶き卵を合わせてよく混ぜた卵液と、ドライイーストを混ぜ、1に加えて混ぜ、外からよくもんで、袋にくっつかないくらいまで混ぜてひとつにまとめる。
3、ひとまとまりになったら、生地の表面を中心のへそに向って丸めるようにし、へそをすくうように持ち上げ、生地の重みで自然に落ちる力を利用し、少しずつ落とし場所を変えて打つ。あまり引っぱると表面が裂けるので、やさしく作業する。
4、表面がツルンとなめらかになり、うっすら気泡ができたら丸めて、へそを下にしてクッキングシートにのせて布巾をふわっとかけ、ひと回り大きくなるまでおいておく（1次発酵）。
5、1次発酵を終えたら、表面が上になるように置き、両手のひらでやさしく押さえ中にたまった空気を抜く（ガス抜き）。
6、できた生地を手のひらの大きさに丸くのばし放射状に8等分に切り分ける。オーブン皿にクッキングシートを敷き、その上に隙間をあけて並べ、倍の大きさになるまで置く（2次発酵）。
7、オーブンに入れて予熱なしで（コールドスタート）180℃で25分焼いて粗熱をとる。
＊フードプロセッサーがあれば生地をこねるのも簡単。1に2を加えて回す。スイッチを切ったり入れたりしながら回していくと、こねあがる。

■米粉

生のうるち米を粉にしたものを米粉と呼んでいます。上新粉は米粉の一種で、この本で米粉と書いてあるレシピは上新粉を使ってかまいません。

製粉法や原料の米にこだわったものなど、多くの種類の米粉が出回るようになりました。ものによっては吸水量や粘りが異なるので、お気に入りを見つけて慣れるか、具合を見ながら水分量を加減するなどしてみましょう。

おすすめポイント 米粉が小麦粉と違うのは、水を入れてこねてもグルテンが形成されないことです。ですから、カレーやシチュー、スープのとろみづけ、天ぷらやから揚げなどの揚げ物の粉、ケーキ、クッキーなどの薄力粉を使っていた調理に向きます。もちろん、日本古来からのお団子にも使えます。とろみを濃くつけた粉がゆもおすすめ。

小麦粉でとろみをつけようと思うと、油でよく炒める必要があります（グルテンが形成されてダマになってしまい、粉っぽい仕上がりになるのを防ぐ）。米粉ならばその心配はなく、油を使わずに失敗なしのとろみづけ。原料が米なのでしっかりした食べごたえのあるとろみがつきます。

ただし、米粉は片栗粉のように透明にはならず少し白っぽく仕上がります。透明感がほしいときは片栗粉でどうぞ。また、米粉だけでとろみをつけると〝水浮き〟することがあります。その場合は片栗粉かコーンスターチをほんの少し、米粉といっしょに水溶きしてください。

炒め物など、ほんの少し汁が出ているようなときは少量（小さじ1ていど）を粉のまま鍋に振りこむと、とろみがつき、まとまります。ニガウリやピーマン、ダイコンなどにまぶすと苦みを抑える働きがあります。

パンやめんをつくるのは苦手ですが、片栗粉を加えることで、めんに近いものをつくることもできます。

ここをチェック！ 米粉は小麦粉よりも吸水がいいので、小麦粉のレシピを米粉に転用するときは、重さで二割、量を減らしましょう。１００ｇの小麦粉だったら、80ｇの米粉になります。

ニンジンの米粉スープ

すりおろした野菜を米粉のとろみと甘みが包んで食べやすくしてくれます。食べごたえもあり元気の出るスープです。

材料（４人分）

ニンジン	２本
タマネギ	1/2 個
塩	小さじ 1/2
水	２カップと 1/2
サラダ油	小さじ１
A：米粉	大さじ２
水	大さじ２

つくり方

1、Aを混ぜて吸水させておく
2、ニンジン、タマネギをすりおろす。
3、鍋に２を入れて、２カップの水、サラダ油、塩を加えて火を通す。
4、途中でびっくり水として残りの水を加えて５分ほど煮る。
5、１を加え弱火でかき混ぜながらとろみをつける。

■そば粉

小麦や米、雑穀のアワやヒエなど、人類が食べてきた穀物の多くはイネ科の植物ですが、ソバはタデ科です。やせた土地でも栽培でき、凶作のときの人々の命をつないできた食べ物です。最近ではルチンやギャバといった成分が血液をサラサラにしたり中性脂肪の蓄積を抑えるとして注目されています。

日本からヨーロッパまで、ユーラシア大陸では広く栽培されよく食べられています。ロシアなどではソバの実を引き割りにしてカーシャ（おかゆ）に、フランスではそば粉を塩味のクレープに焼いたりします。「そばを手打ちするわけじゃないから必要ない」と思わずに、そば粉も粉ものストックの常連に加えてください。

おすすめポイント 小麦粉や米粉よりも火が通りやすく、短時間で調理できます。年配の方にはなつかしい「そばがき」（かいもち、そばねりとも言われます）は、湯で練りあげるだけで火が通って食べられます。牛乳と砂糖を加えたそばがきは、ロシアのカーシャ風の味。クレープをつくるときは小麦粉と混ぜると破れにくいでしょう。

ここをチェック! 製粉の仕方により、黒っぽい田舎そば用の粉や、白っぽい更科そば用の粉があります。より多くの栄養が含まれるのは黒っぽい粉のほうです。

ソバが栽培されている地域の直売所や道の駅では必ず地元のそば粉が売られています。産地によって味わいが異なるので、旅先で見かけたらぜひ手に入れて食べ較べてください。

ソバなどのアレルギーがある人にとっては食品表示がきちんとあるものが安心な食べ物です。被災時にこそ、きちんと成分が表示されたものを被災地に送ってください。何が入っているかわからない食品は、どんなに心をこめてつくられたとしても、とても危険です。

また、そば粉を使ったまな板やボウル、鍋は洗ったつもりでもごく微量の残りがアレルギーを起こすことがあります。炊き出しなど公共の調理の場所ではそば粉を使わないようにしておきましょう。

そばがき

お湯で練るだけでも食べられるそばがきですが、煮ることでさらにとろりとやわらかい仕上がりになります。残ったら油に落して揚げてもおいしい。

材料（4人分）

そば粉……………………………1カップ
水……………………………2と1/2カップ

つくり方

1、鍋に水2カップを入れて少し温めてからそば粉を入れて、泡立て器でぽったりと混ぜる。
2、そば粉の真ん中をへらで十字に切り、残りの水1/2カップを入れる。
3、再度火にかけ、中火で加熱しながらぐつぐつ煮る。
4、最後に泡立て器でよく混ぜてなめらかにしてできあがり。

＊納豆、味噌だれ、ゴマだれ、ずんだだれなどいろいろなたれをまぶしていただきます。
＜ゴマだれ＞ゴマ大さじ2をすり鉢であたり、砂糖大さじ2、湯大さじ1、味噌大さじ1/2を加えてなめらかにする。
＜ずんだだれ＞ゆでた枝豆50gをすり鉢であたり、なめらかにして砂糖大さじ2、塩二つまみを加える。

■片栗粉

遠い昔はユリ科の植物カタクリからつくられていましたが、いまはほとんどがジャガイモのでんぷんです。

おすすめポイント 水溶きしたものは65℃前後で火が通ってかたまります。火が通ると透明になるのが米粉と違うところ。濃度を薄くするととろみづけ、濃くするとムッチリとしたもちのようになります。

ここをチェック! 水溶きにしたとき、時間がたつと下に沈むので、その場合は再びよく混ぜてから使います。少量のからめるとろみづけには、水溶きにせず先に調味料などと混ぜ合わせ、とろみが出るまで混ぜながら火にかけます。

かたくりもち

片栗粉はとろみづけだけではありません。こんなおやつにもなります。

材料（4人分）

片栗粉……………………………1カップ
砂糖（または黒砂糖）………1カップ
水……………………………………3カップ
取り粉（きな粉）………………… 適宜

つくり方

1、鍋に水と片栗粉を入れ、少し遅れて砂糖を加えてダマがなくなるまでよく混ぜる。
2、中火でゆっくりと混ぜる。白い部分がなくなり透明感がでるまで、しっかりと混ぜる。
3、取り粉にとり、全体に取り粉をまぶしつける。熱いので火傷に気をつけて。
4、食べやすい大きさに切り、できあがり。
＊ショウガ汁を加えて風味を変えたり、抹茶・ココア・きな粉・麦こがしなどを混ぜていろいろに楽しめる。

■くず粉

マメ科の植物、クズ（葛）からとれるでんぷんです。片栗粉と同じようにとろみづけや和菓子に使われます。国産のクズは生産量が少なく、高級品になっています。

おすすめポイント お腹をこわしたときや、じんましんが出たときなどに、薬ではありませんが食べるとよいとされています。

ここをチェック! 商品名は「くず粉」でもサツマイモのでんぷんでできていることがあります。値は張りますが表示をよく見て混ぜもののないクズの粉を求めましょう。

本来のくず粉は独特の香りがあるので、和三盆などの香りのある砂糖と合わせるとよいでしょう。

くず湯

身体が温まるやさしい飲み物。お腹が弱っているときに。

材料（4人分）

くず粉……………………………10g
水……………………………3/4カップ
和三盆（なければ黒砂糖）……大さじ1/2

つくり方

1、くず粉と水を器に入れてよく混ぜ、溶けてから砂糖を混ぜる。
2、500Wの電子レンジに1分かける。とろみがついてきたらよく混ぜ、さらに透明になるまで1～2分電子レンジにかけてできあがり。

■きな粉

炒ったダイズの粉です。青ダイズからは緑色のウグイスきな粉、黒ダイズからは少し黒っぽいきな粉、ふつうの黄色いダイズからはよく見かけるきな粉がつくられます。お菓子の材料として使われるほか、ドリンクなどに入れてもよいでしょう。

おすすめポイント 良質なタンパク源です。砂糖を先に混ぜてから、調理するとダマになりにくい。

ここをチェック! 食べすぎるとお腹が張るので注意しましょう。

きな粉ドリンク

きな粉は炒ってあるので、香ばしさが漂います。ダイズに米をプラスしたバランスのよいドリンク。

材料（1人分）

A：スキムミルク……………大さじ5
　きな粉……………………大さじ3
　砂糖………………………大さじ1
　米粉………………………大さじ1
湯……………………………1カップ

つくり方

1、Aをポリ袋に入れてよく混ぜる。
2、鍋に湯を1カップ入れて1を加え、とろみが出るまで混ぜる。
＊Aにココア小さじ1を混ぜこむとチョコ風味に。抹茶小さじ1/2を混ぜこむと抹茶風味に。湯にかえてコーヒーでとくとコーヒー風味になる。

■麦こがし（はったい粉）

大麦（麦ごはんに入れる麦）を炒って粉にしたものです。人類の穀物の食べ方としてはかなり古くからあるもので、チベットではいまでも同様の粉を主食にしています。私にとっては幼いころのおやつでもあります。おばあちゃんがよくつくってくれました。

おすすめポイント 炒ってあるので香ばしく、消化もよくなっています。砂糖を加えて水やお湯で練り、そばがきのように食べられます。粉のまま食べてもいいのです。

穀物なのでエネルギー源となり、穀物の粉の中では食物繊維の量はトップクラスです。

ちょっと昔の暮らしに戻る

昔、生水を飲んではダメよと言われた経験はありませんか?

現在は技術の進歩で、そのまま飲んでも安全な水が送られてきます。しかしこの水の供給が止まってしまったら、どこを通ってきたか分からない水は必ず煮沸して、安全にしてから飲まなければなりません。災害が起これば、私たちの手で安全を守るのです。ちょっと昔のように。

■抹茶

一般的な緑茶（煎茶）とは違う製法でつくられた「碾《てん》茶」の葉を粉にしたものです。少量でいいので持っていると便利です。

抹茶として飲むほか、緑色の色づけや、ビタミンCの補給源に。

おすすめポイント　お茶の葉そのものの粉なので、ビタミンCをたくさんとることができます。また、一般的な緑茶を粉にしたお茶パウダーよりも甘みと旨みがあります。

抹茶として飲むのはもちろんですが、鮮やかな緑色をつけたりお茶の風味を加えるのに使いながらビタミン補給をしましょう。

ここをチェック！　細かい粉なのでダマになりやすい。使うときは砂糖などほかのものにまず混ぜてから使います。抹茶のみで使うときは、茶せんなどを使い、湯でよく練ってダマをなくしてから使います。

保存するとき　長期保存する場合は密閉して冷凍します。古くなると色が悪くなります。冷たいところで保存が原則。

抹茶茶漬け

ビタミンCが補給できるお茶漬けです。

材料（1人分）

ごはん……………………………茶碗1杯分
焼きノリ……………………………1/4枚
あられまたはおかき………　好みの量
抹茶…………………………小さじ1/2
塩………………………………　少々

つくり方

1、ごはんを小丼に入れ、おかきをくだいて入れる。
2、抹茶と塩を混ぜて入れ、湯をかけてノリをちぎって入れる。
＊塩の代わりに佃煮などを入れてもよい。

防災カレンダーとアナログメモのすすめ

いつも目にするカレンダーに、防災にかかわる項目を書きこんでおきましょう。たとえば避難袋の中の食品の賞味期限や季節の保存食づくり、年に一度の防災道具点検日など。家族みんなが目にすることが大事なのです。モデルはWEB上の「サカモトキッチンスタジオホームページ」から入手できます。

また、電気が切れれば便利だった携帯電話やパソコンはたちまちモノ言わぬ箱になってしまいます。そんなとき、紙に書かれた備忘録が役に立ちます。家族や親族、友人の名前や住所に連絡先、預金通帳や保険証の番号、パソコンやカードのパスワードなど、自分のために記録しておき、必要なものは家族で共有できるようにしておきましょう。

7 レトルト食品

正式名称をレトルトパウチ食品といいます。加圧加熱殺菌された食品（調理・加工済みのもの）が密閉されており、常温で保存でき、温めるだけで食べられます。缶詰ほど長くはありませんが、1～2年は保存可能とされています。カレー、スープ、煮物など、いろいろなものがあります。

おすすめポイント 災害時や野外で、お湯がなくても温めることができます。使い捨てカイロ2枚でレトルト食品をはさみタオルなどで包んでしばらく置くと温まります。缶詰とちがって平べったいレトルト食品なのでできるワザです。エマージェンシーブランケット（アルミニウムなどを蒸着してつくられた薄い保温用シート。p124参照）があれば、より効果的。ただし酸素がないとカイロが温まらないので包んだ両端をあけましょう。重ねたタオルやセーターなどで包んでもよい。

保存するとき 缶詰と同じで、食べたくなるお気に入りのものを見つけて、ふだんからときどき食べて更新するようにしておきましょう。わが家では2～3ヶ月に一度は食べて入れ替えるようにしています。

8 おやつ

そのまま食べられるお菓子類も、多少はストックがあると助かります。とかく売り物の袋菓子は悪者にされがちですが、容量用法（?）を守って食べれば心の栄養になるもの。身体の健康は、心の健康からも。がんばりすぎないで、ほっと一息いれましょう。

ストックしておいたほうがいいからといって、「好きか嫌いかわからないけれど、いただき物があるからとっておく」ということはせず、心からおいしいと思えるものを準備しておきましょう。保存期間はものによってけっこう変わるので、パッケージを見て確認してください。

おすすめポイント チョコレート、あめは糖分補給に。好きな銘柄や香り・味のものを。いろいろな成分を加えた機能性チョコレート、機能性あめなどもあるので（だからといって食事の手を抜いてかまわないということではありませんが）、楽しむつもりで選んでみましょう。あめは溶かしてジュースにすることもできます。咳が出てつらいときにもあめが活躍します。

せんべい、あられは昔からのおやつですね。少々たくさんあっても、料理にも使えるので大丈夫。ポテトチップスなどカリカリ・ポリポリ系おやつも含めて、割ってお茶漬けにしたり、クルトン代わりにサラダやスープに浮かべたり。お湯でふやかしてそのまま食べても違った食感が楽しめます。

ビスケット類は、パサパサして食べにくいときは飲み物や牛乳に浸すのがおすすめです。私のお気に入りは、ようかんを薄く切り、ビスケットにはさんで、甘くないコーヒー牛乳に浸す食べ方です。

ここをチェック! 「心の薬」ですから、あえて添加物、カロリーなどを気にするのは止めましょう。疲れたときにむしょうに食べたくなるものを、ふだんの自分の心に聞いて準備してください。ただし平素毎日食べるものではないので、とりすぎには注意してください。

左から時計回りに：緑茶ティーバッグ、スキムミルク、紅茶ティーバッグ、オートミール、乾燥キノコリゾット（輸入品）、インスタントラーメン

9 意外？に役立つこんな常温保存食品

万が一のときには、とにかく常温で保存できる食べ物があるのは助かるもの。食材、調味料のひとつとして取り入れておけば、いざというときも安心です。これはあくまでも一例ですが、わが家にあるもののご紹介です。

おすすめポイント

スキムミルク（脱脂粉乳）……ずばり、水分と脂のない牛乳です。牛乳の代わりに使え、サッパリとしたコクを料理に与えてくれます。脂がなくておいしくない、という方には、コーヒーに入れる粉ミルク（いろいろな材料が含まれるので、アレルギーの方はアレルゲンがないかを確認してください）と混ぜると、少々脂の入った粉乳をつくることができます（アメリカでは2％脂を含んだ脱脂粉乳などが売られています）。湯で溶いて飲むだけではなく、牛乳を使うような料理（クリームシチュー、ホットケーキ、リッチな菓子パンなど）にはコクとして利用できます。

ティーバッグ……ふだん余裕のあるときは、お茶はきちんとした手順で入れたいもの。ただし非常時には茶殻など捨て場所に困るのと、茶漉しを洗う水も節約したいとなると、ティーバックが活躍します。ペットボトルに入れておくだけで水出しの紅茶や緑茶をつくったりもできます。

オートミール……エンバク（オーツ麦）を調理しやすく加工したもの。エンバクはロシアやカナダ、北欧など涼しい地域で多く生産され、重要な食糧になっています。オートミールは精白されていないので、ミネラルや食物繊維などの栄養分が豊富です。

牛乳と煮こむのが一般的ですが、水または湯で煮てふりかけなどをかけて、塩味にしても食べることができます。また、ホットケーキに入れて食物繊維をプラスしたり（p33参照）、米粉でケーキをつくるときに混ぜると繊維質でケーキがしっかりできます。表示を見て、なるべく混ぜ物の少ないものを使いましょう。砂糖やフレーバーの入ったものがあります（わかった上で使うのはかまいません）。

調理済み乾燥食品……前頁の写真のリゾットはイタリアで売っていたもので、お湯でもどせば食べられます、というもの。レトルト食品が発達した日本ではあまり見かけませんが、海外ではこのように、もうひと手間（ひと材料）加えるとできあがり、というプレミックスタイプのドライフードも多いです。ふだん食べるものではありませんが、遊び心で。

インスタントラーメン……日本が生んだ世界的食品。ふだんの食事にすることはおすすめしませんが、目のカタキにすることもありません。化学合成された添加物を含まないものも売っているし、栄養面が気になるならノリやゴマ、乾燥野菜など乾物で補えばいいのです。これはインスタントに限らずふつうのめん類を食べるときも同じです。

リサイクル食器で気をつけること

p58（カラー）の「キクラゲとダイコンの中華サラダ」で使用している器は、リサイクル用に洗って乾かしてあった牛乳パックを箱型に組んだものです。どんな組み方でも器として使えればいいのですが、最後にホチキスで止めるときは、器の内側に針が来ないようにして、食品に触れるのを防ぎます。ふだんよりも疲れて免疫力も低下しているので、ちょっとした心配りを心がけましょう。

牛乳パックはもともと食品を入れるためのパッケージなので、強度もあり重宝します。

一見便利そうでも、食品用でないものは使いません。たとえば卵パックの丸い形がかわいいからとゼリー型に使うアイデアがありますが、本来食品用ではないので使ってはいけません。加熱用でないものを加熱するのも不可です。ホット用でないペットボトルは熱をかけると縮んでしまうので、冷たいものだけに使いましょう。

ホチキスを使う場合は食品に触れないように

10 保存のきく野菜はふだんから切らさない

■ダイコン

丸のまま一本購入するのがおすすめ。どうしても使えない場合は、なます（お正月の保存食でもあります）にしてしまうのもよいでしょう。切ってそのまま食べられるほか、漬物に、サラダに、煮物に、魚のつけ合わせに、と大活躍です。少々しんなりしてしまった大根でもなますはつくれます。おでんなどの煮物にするときは、大きく切って、米のとぎ汁か、2リットルに米粉小さじ1ていどを入れた湯で下ゆでするると苦みがとれ、味がしみやすくなります。ひと手間ですが、とぎ汁もムダにせずに済むので、ぜひお試しください。

保存するとき 頭は葉の根元部分で切り落とす（葉を残しておくと、伸びようとして栄養を消費し、根がスカスカになる）。新聞紙などで包んでからポリ袋に入れて、風通しのよい冷暗所で保存。

基本のなます

●材料（ダイコン1本使いきり）

ダイコン	1本
ニンジン	1本
たて塩（混ぜておく）	
塩	小さじ1
水	大さじ2
合わせ酢	
酢	大さじ6
砂糖	大さじ6
塩	少々

つくり方 1、ダイコン、ニンジンはせん切りにし、たて塩につける。10分程度してしんなりしたら、もんで水をよく絞る。

2、合わせ酢をつくり、そこに絞ったダイコンとニンジンを入れてよく混ぜてできあがり。

合わせ酢

冷蔵庫で3日ほど保存可能。冬場（10度以下）は冷蔵庫に入れなくてもよい。

「ちょい足し」で目先を変えて

ひねりゴマ

刻んだナッツ

ツナやほぐした焼き魚

刻んで焼いた油揚げ

ダイコンもち

ダイコンをおろしてたっぷり食べられます。冷えるともちのようになるので、もちの代わりに焼いて食べてもおいしい。

●材料（4人分）
ダイコンおろし　300g
A
　米粉　1/4カップ
　片栗粉　1/4カップ
　水　1/2カップ
　塩　小さじ1/6
　コショウ（白）　少々
（具入りの場合）
　青ネギ小口切り　2本分
　桜えび（乾燥）　10g

つくり方　1、Aを混ぜておく。

2、器（耐熱容器）にダイコンおろしを入れ、軽くラップをして6分間電子レンジ（500W）にかけて火を通す。熱いうちに、Aを加えてよく混ぜる。

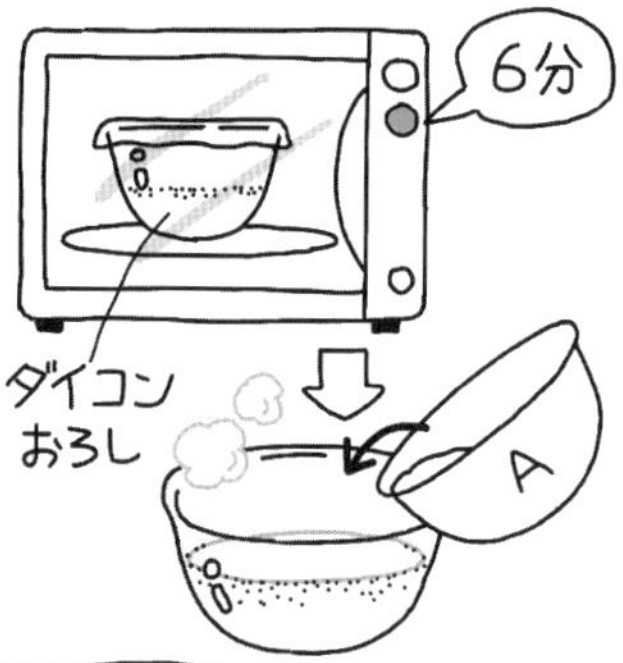

3、さらに3分間電子レンジにかけて、透明感が出たらできあがり。

＊具入りにするときは、具を3で混ぜる。

＊鍋でつくる場合は、鍋に入れてそのまま10分ほど煮てから火から降ろし、Aを混ぜる。容器に入れ蒸し器で10分ほど蒸せばできあがり。

保存むきの野菜の使い方メモ

●サツマイモの色よいゆで方

サツマイモは5㎜ていどに分厚く皮をむきます（断面を見たとき、皮の内側にある点々の輪の内側だけを使うとよい）。水からゆではじめ、アクが出てきたらゆで汁は捨て、そこに湯を入れて再び煮ると黄色など色の発色がよくなります。皮は油で揚げてかりんとうなどに。

●トウガンの使い方

夏にとれて冬まで保存して食べるのでトウガン（冬瓜）といい、身体のほてりを冷ますといいます。トウガンは内側の緑色の線がなくなる部分までしっかりと分厚く皮をむき、いったんゆでこぼします。そのあとは味をつけただし汁などで煮ると、だし汁を吸っておいしい仕上がりに。トウガンと貝柱のスープはごちそうです。炒め物にするときも、いったんゆでると青臭さがなくなります。

●サトイモの皮のむき方

皮ごとタワシなどでよく洗い、水から入れて沸騰して約10分煮ます。皮から5㎜くらいが煮えた状態になるとよい。冷水にとって、バターナイフなどで表面をこそげて皮をむく。この方法だと手がかゆくならず、すべって包丁で手を切ることもありません。

■ニンジン

ニンジンはユーラシア大陸のおなじみの野菜です。アジア型の金時ニンジン（赤いニンジン）のほかはほぼ西洋ニンジンです。色の違いはあれど、身体の中でビタミンAになるカロテンは数ある野菜の中でもいちばん多く含んでいます。カロテンは油に溶けやすいので、炒めるなど油といっしょに料理するとよいでしょう。

ニンジンはミネラルバランスが優れているので下痢をしたときなど、ORS（経口補水液）がないときに、ニンジンを塩で煮たスープの上澄みが代用できます（イラスト参照）。またすりおろしてよく煮てペーストにしたものも、下痢が続くときに有効とされています。

ゆっくり長く煮るほうが甘く、おいしくなります。

金時ニンジンの赤色は、もみじの葉っぱと同じ成分で、ポリフェノールがあるといわれています。

保存するとき　ダイコンと同じように、葉の部分を根元から切り、乾かないように紙で包んでからポリ袋に入れ、冷暗所で保存します。皮をむいたり切ったりすると栄養が壊れていくので、皮をむいたらすぐ調理してしまいましょう。わが家では、ちょっと残ったらぬか床（p116）に入れます。彩りに欲しいとき、取り出して少し使い、またもどして保存しています。

ミネラル補給のためのニンジンスープ

ニンジン4本（500gていど）の皮をむいて薄く切り、1リットルの水に小さじ1/2（おおよそ3g）の塩を入れて1〜2時間とろ火で煮こむ。

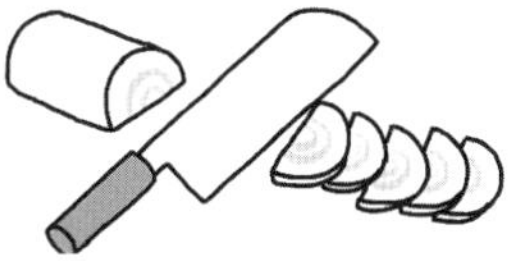

ニンジンがやわらかくなったら裏ごしし、減った水分をお湯（分量外）で補って3〜4カップにしてできあがり。裏ごしできない場合は、上澄みを飲ませる。

ガジャ・ハルワ

少々時間はかかりますが、保存もできるインドの甘いお菓子。ニンジン2本、牛乳500cc、砂糖1/2カップ、お好みでグリーン・カルダモンの粉少々。ニンジン2本は皮をむいてすりおろす。

テフロンのフライパンに牛乳、砂糖、ニンジンを入れて水気がなくなるまで30分ていどよく混ぜながら煮つめる。水気がなくなって少し焦げ目がついたらできあがり。

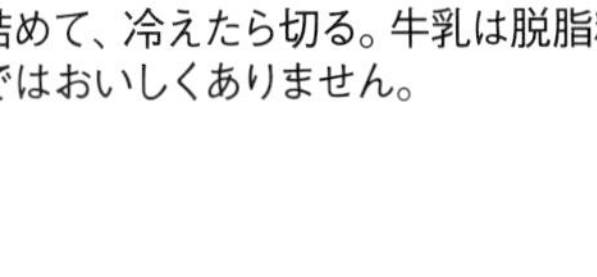

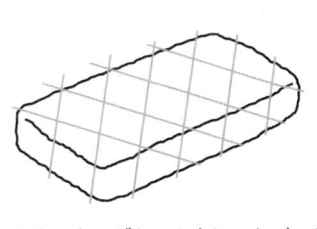

ホットクッキングシートをしいたバットに詰めて、冷えたら切る。牛乳は脱脂粉乳ではおいしくありません。

■タマネギ

タマネギは中央アジア原産で、エジプトのピラミッドをつくるときに元気が出る野菜として使われていたほど歴史のある野菜ですが、日本に伝わってきたのは明治時代以降の新しい野菜です。硫化アリルというにおいの成分を含み、それが豚肉などに含まれているビタミンB_1の吸収をよくし、肉臭さを抑えるので、肉と相性のよい食べ物といわれています。

また調理すると甘みを含むので、よく炒めて一部を焦がしスープの素やカレーベースなどに使われます。もちろん生で食べてもよく、薄く切ってサラダやつけ合わせにぴったりです。油で和えれば水さらしも必要ありません。油脂のある食品といっしょに食べるとサッパリしてよいでしょう。

タマネギを切った後、何時間かたって手が臭くなることがあります。こうしたにおいを取るアイテムとして、ステンレスの塊「スチールソープ」が売られています。これをせっけんのようにもみながら流水で手を洗うとイオンの反応でにおいが取れるということですが、ステンレスのボウルをこすりながら流水で洗っても同じような効果があります。ステンレス＋流水がポイントのようです。

春先に出る新タマネギは水分が多く保存がききません。やわらかい食感と味を楽しむものとして、早めに食べてください。保存用には触ってかたいものを選びます。まれに中の一部が腐っていることがありますが、腐っている部分を取り除けば食べられます。

保存するとき 日のあたらない、風通しのよい場所にネットなどにつるして保存します。または紙袋に入れて保存。芽がのびてしまったら、切り落として白い部分だけ使います。

タマネギドレッシング（赤）

ドレッシングがなくなった! 買ってこなくちゃ、と思う前に、手づくりドレッシングをつくってみては?
赤タマネギを使うと、鮮やかなピンク色になります。

●材料（つくりやすい分量）

赤タマネギ　すりおろし 1/4 カップ
酢　大さじ3
砂糖　大さじ1と 1/2
塩　小さじ 1/4
油　小さじ1

つくり方

材料すべてをよく混ぜる。

できたドレッシングを野菜と合わせる。

タマネギ
わたしはピンクよ
赤タマネギ
ボクだと白いよ

■ジャガイモ

南アメリカ原産で、ヨーロッパでは15世紀以降大切な食料とされ、日本には戦国～江戸時代にうつるころには、オランダ人がジャカトラ港（インドネシア、ジャワ）経由で長崎に伝えたので、ジャガイモといわれています。これとは別にロシアから江戸時代後期に北海道へ伝わりました。

おすすめポイント 主成分はでんぷんで、カロリーは米の半分と低いものの、ペクチン、カリウムをたっぷり含んでいて、ビタミンCも加熱によって壊れにくい形で含まれてます。

皮のすぐ下にビタミンなどが多く含まれているので、よく洗って皮ごと調理したり、ゆでるなら丸ごと調理してから皮をむくといいでしょう。

男爵イモはゲンコツのようにゴツゴツしたイモで、休眠性（一定の条件が整うまで成長するのを休むこと）が強いので保存がききます。調理するとホクホクになるので、マッシュポテトやポテトサラダなどに。

男爵イモよりも細くてつるっとした表面のメイクイーンは、でんぷんが少なく煮崩れも少ないので、シチュー、カレー、フライドポテトなどに向きます。そのほか少し値段が高くなりますが、新しい品種も出てきています。甘いもの、変わった色のものなど、楽しみながら好みのものを見つけてください。

ここをチェック！ 皮に緑色が混じっておらず、しわがなく、なめらかでかたいものを選びます。傷があるもの、褐色の斑点があるものはいけません。

皮が緑色になって芽が出ると、ソラニンという有毒物質を含むようになります。お腹をこわしたりするので皮を分厚くむいて青い部分を取り除きます。購入時にじゅうぶん注意しましょう。新ジャガは水分が多いので保存には向きません。

保存するとき 風通しのよい冷暗所で保存します。15℃でいどで保存するのがよいでしょう。

梨もどき(ジャガイモ)

まるで梨のようなハリハリした食感。ジャガイモだけのシンプルなレシピですが、目先が変わります。

●材料(2人分)

ジャガイモ	1個
酢	小さじ2
砂糖	小さじ1
炒りゴマ(白)	小さじ1
湯	3カップ

つくり方

1、ジャガイモは皮をむき、薄切りにしてさらにせん切りにする。

2、鍋に湯をわかして1を入れ、ジャガイモが透明になったらさっと鍋の湯を捨てて水を切る。

3、調味料を合わせて和えてできあがり。
器に盛りつけてゴマをひねりながらかける。

※新鮮野菜の補給がないときに、ビタミンCの補給と省エネ煮。保存のきくジャガイモを利用します。
＊レンコンで同じようにつくっても美味。

11 自家製保存食のすすめ

昔のように何でも手づくりというわけにはいきませんが、何品かは自家製保存食があるといいですね。とくに、その季節でないと手に入らないものをまとめて保存食にしておくワザは年中行事のようなものとして伝えていきたいものです。

■梅干し

手づくり保存食のいちばんのおすすめは梅干しです。6月〜7月の季節に仕込んで、シソを入れて、8月の土用干しと、時間はかかりますが一回一回の作業の手間はそんなにかかりません。ちょっと作業しておけば、1年以上使えます。簡単ですから、是非どうぞ。小梅か大きい梅か、完熟梅かは好みによります。木で完熟したものがおいしく、アク抜きも不要です。

ふだん、そんなに食べるわけではありませんが、私は海外に行くときも風邪をひいたり体調が悪くなったときのために2〜3粒、小さな容器に入れて持ち歩きます。

風邪をひいて鼻水が止まらないときやお腹を下してしまったときの塩分補給に、熱いお茶に梅半分を入れて飲みます。クエン酸の酸っぱさが疲労回復も促すといいます。また、酸っぱくて塩辛いものですから、調味料としても使えます。副産物の梅酢も塩分と酢の代わりとして使えます。

塩辛すぎて食べにくいと感じる場合は、砂糖を入れて練る「梅びしお」に。田楽味噌のようにいろいろなものにつけて食べることができます。煎り酒にして、刺身の塩味やサラダの隠し味にも使えます。

梅びしお

やわらか味の梅ソース。

●材料

梅干し（大）　1kg

砂糖　裏ごししてとれた梅肉の30〜50%

みりん　大さじ1

つくり方

1、梅干しを6〜8時間水に漬けて塩抜きし、水を切る。

2、ホーロー鍋に入れ、菜箸で身をほぐし、種をとって裏ごしする。

3、ゆっくりまぜながら火にかけ2回に分けて砂糖を入れる。

4、ヘラで線が引けるくらい煮つめたら、みりんを入れて、できあがり。

梅干し

保存食として長く保存できる。

●材料

梅	2kg
自然塩	300～400g
赤じそ	200g
塩(しそもみ用)	大さじ3

使う道具
つける容器（かめやホーロー）、ザル、ボウル

つくり方

1、梅はきれいに洗ってヘタをつまようじでとりのぞき、水気をふきとる。

2、漬ける容器をきれいに洗い乾かす。焼酎を霧吹きでかけておくと殺菌になる。

かめや
ホーローが
いいよ

3、水気も油気もない容器(かめやホーロー)に塩を少量入れ、半量の塩を梅にまぶしながら入れる。
10日ほどで汁が上がってくる。(梅酢)

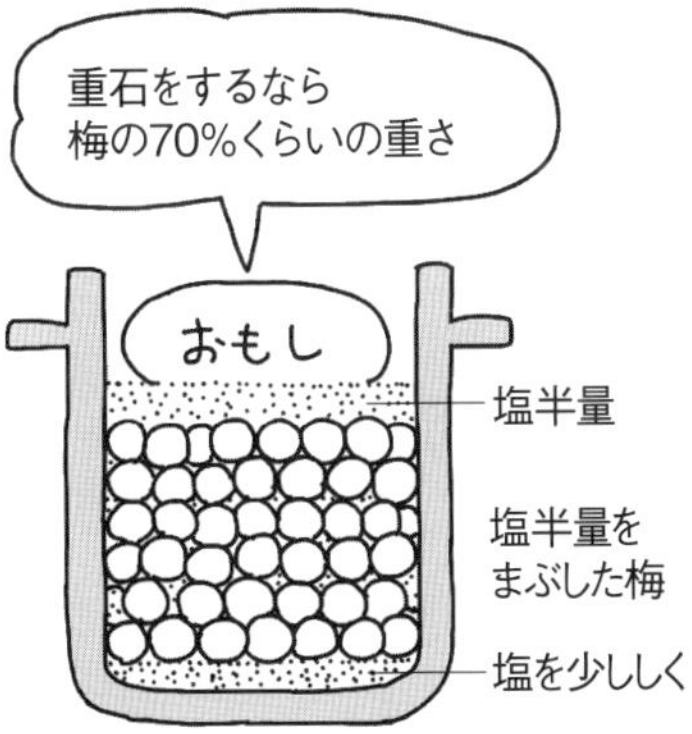
重石をするなら
梅の70%くらいの重さ
おもし
塩半量
塩半量を
まぶした梅
塩を少ししく

4、赤じそは葉をとってよく洗い、塩大さじ1でもんで汁をすて、さらに塩大さじ2でもんでしぼる。梅酢をひたしてほぐして発色させ、梅といっしょに漬ける。

5、梅雨が明けたら土用干しする。梅をザルにならべて3日3晩干す。途中1回梅酢につけて上下をひっくり返す。

日なたに
おいて
雨の時は
家に入れてね

*保存食をつくることが目的なので、塩分量を減らしてはいけません。

*冷暗所で保存。もしもカビが生えてしまったときは、まずカビをていねいに取り除き梅を取り出して焼酎で洗います。梅酢もキッチンペーパーなどで濾し、沸騰して5分間煮沸します。梅干しを入れていた容器はよく洗って乾かし、焼酎で洗います。梅干し、梅酢を容器にもどしてまた保存します。

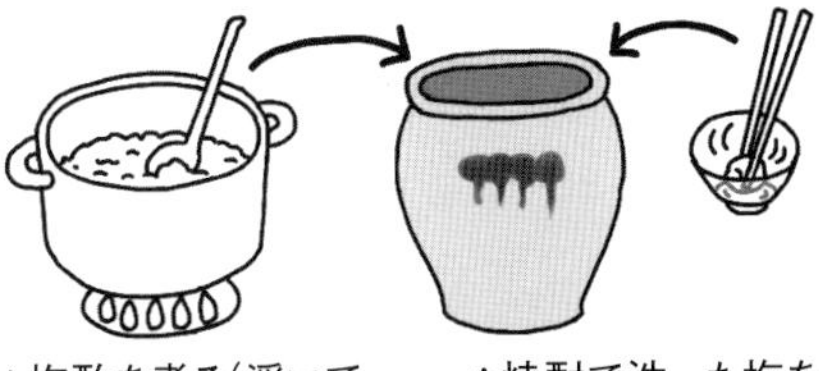

*梅酢を煮る(浮いてくる白いものをすくう)

*焼酎で洗った梅を戻す

煎り酒(いりざけ)

江戸時代中期まで広く使われた調味料で、醤油が普及するまで刺身、とくに白身魚はこれで食べられていました。

つくり方

酒1カップに梅干し1つ、カツオ節小1袋を鍋に入れてごく弱火で火にかけ、梅干しを崩して塩気を溶かし出します。

かつお節
梅干し
酒
ごく弱火

2割ほど水分が飛んでアルコール分が飛んだら、さめるまでそのままにしておき、冷えたらだし汁濾しなどで濾してできあがり。

■ジャムとビン保存

　春には夏用にイチゴシロップ、無農薬の柑橘類が手に入ればそのつどマーマレードやピール（皮の砂糖漬け）、梅雨時に梅ジャム、秋にはカリンシロップをつくります。いずれもたくさんつくるのではなく、１リットル程度（２００cc用のビン５本）と、１回につくる分は少量です。家庭用の火力では、大量につくるには時間がかかりすぎ、きれいにできないのでムリに「１年分つくるぞ！」とはりきらなくてもいいでしょう。旬の味を食べる分だけつくって楽しみましょう。

●自家製の場合は、基本的に砂糖の量を減らしてはいけません。砂糖は甘いだけでなく保存性を高める役割も大きいのです。きちんと衛生管理された工場でならば「砂糖ひかえめ」もできますが、家庭では一定以上の糖分濃度を守るほうが安心です。しっかり甘いものを少し食べればいいのです。

●ジャムの場合、ヘタやゴミはきれいに取り除きます。加熱濃縮はできるだけ短時間で、できたものは表面の泡をアルミホイルかラップを乗せて取り除き、熱いうちにビンに詰めましょう。

　清潔に殺菌したビンにアツアツのジャムを容器の口の１cm下まで詰めます。空気に触れさせないのが保存のコツです。フタを軽く閉め、蒸し器で20分ほど蒸すとビンが脱気されます。それから固くフタをし、30分ほどひっくり返して（フタの殺菌になります）放置冷却します。

　ビンのふちを汚さないようにします。汚れていると脱気のじゃまをして、ビンがうまく真空にならなくなります。空気が残っているとカビやすくなります。

　ビンに入らなかったものは早めに食べます。

　食べ切る前にカビが来てしまったり風味が落ちたりするので、大きなビンに一つつくるより、小ビンに分けたほうがよいでしょう。

　小分けにしたビンのものを食べるときも、清潔に取り扱いましょう。パンにつけたものや、ましてや口でなめたスプーンをビンに入れたりしてはいけません。

●冷暗所で保存。光が当たると色が悪くなります。開封しないものも次のシーズンが来るころまでには食べましょう。

イチゴシロップ

夏のカキ氷用につくります。牛乳に入れてイチゴミルクにも。

●材料（できあがり200ccビン3つ）
イチゴ　500g、グラニュー糖　500g、塩　小さじ1/2

つくり方

1. イチゴはよく洗ってヘタをとり、砂糖をまぶす。

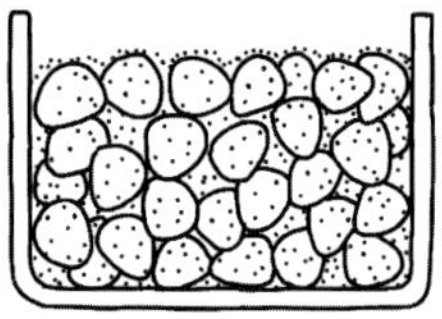

2. 一晩置き、イチゴから水が出てきたら焦げないよう中火で加熱して塩を入れ、イチゴが膨らんでとろりとし、色が出たらできあがり。熱いうちに目の細かい網で濾し、ビンに詰める。

イチゴジャム

●材料
イチゴ　1kg
グラニュー糖　750 g
レモン汁　1個分

使う道具
なべ（ホーローかステンレス）、ザル、ボウル、木じゃくし、コップ、できたジャムを入れるビン

つくり方

1、イチゴはヘタをとって、きれいに水洗いしてザルに入れ、水気を切る。

2、保存するビンは、きれいに洗ってさかさにふせて水切りしておく。

3、イチゴを鍋に入れて中火で煮る。こげないように木じゃくしでよく混ぜながら煮立たせる。

白い泡(アク)は
取ってね
アルミホイルを
フワッとのせると
取れます

4、煮立ったら砂糖を4～5回に分けて入れる(少し入れては煮立たせ、煮立ったらまた少し砂糖を入れる)。

5、ぜんぶ入れたら、レモン汁を加えよく混ぜる。

6、コップに入れた氷水に煮汁を落としてみて、煮汁が散らないで底に落ちれば、できあがり。

＊煮ている鍋からジャムをすくい、氷水にたらす。

7、熱いうちにジャムをびんに詰める。あつあつのうちにフタをしっかりして、ひっくり返す。

カンタン滅菌

マーマレード

●材料
夏ミカン　約500g
(他の柑橘類でもよい)
砂糖　300～500 g
(ミカンの量の60～100%)

使う道具
鍋（2個・ホーローかステンレス）、まな板、包丁、ボウル、ザル、計量カップ、キッチンペーパー、できたジャムを入れるビン

つくり方

1、夏ミカンは、皮をよく洗って上下を切り、まん中を帯状にしてごく薄切りする。

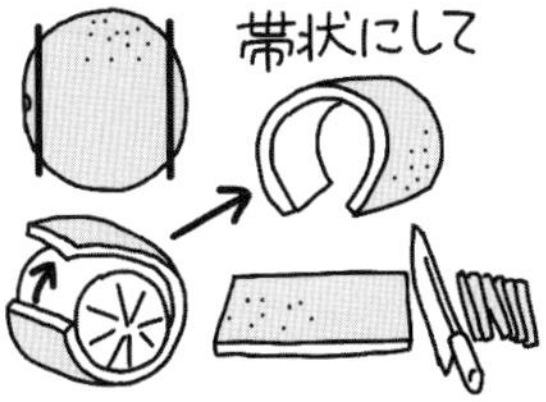
帯状にして

2、切った皮は、たっぷりの水の入ったボウルに入れて何度も水をかえて苦みぬきする。

3、実は果汁をしぼってとっておく。とったしぼりかすは水に入れて、もみ洗いしておく。

4、1で残った皮も細かく切って、同じく水で苦みぬきする。

5、3のしぼりかすと4を合わせて、たっぷりの湯でゆでこぼす。

苦みをぬく
ためにね

6、ざっと洗い流してザルにとり、なべに入れ、3の果汁と水3カップを加えて20分煮る(中火)。

⑤
③
水3カップ

7、鍋のまわりに、もろもろとペクチンが出てきたら、キッチンペーパーで濾す。

＊1ℓタイプくらいの大きい計量カップ。
＊ペーパーはザルの内側をおおうように押さえ、洗濯ばさみで止める。
＊濾した液がザルの底につかないように。

8、濾した汁に砂糖を加えて煮つめる。2の皮は別鍋でかぶるほどの水を入れ、やわらかく煮て加える。

9、イチゴジャムの6、7の要領で仕上げれば、できあがり。

②の皮

■ぬか漬け

　ぬか床があれば、食べ切れない野菜を何でも入れて保存しながら食べていくことができます。ぬか漬けになると塩分が増えると心配かもしれませんが、塩とペアになって体外へ出て行くカリウムも豊富なので、あまり食べすぎなければ塩分過多の心配はありません。

　漬けて数時間の浅漬けから1週間も漬けてアメ色に熟成した古漬けまで独特の風味を楽しみましょう。浅漬けはふつうに野菜として、古漬けは塩の代わりに刻んで豆腐の上に乗せたり、肉と炒めて味つけにしたり、おやきの具にしたりと、一つ床があれば便利です。

　ぬか漬けは旨みの素である乳酸菌をたくさん含んだ発酵食品です。発酵食品を食べることで、お腹が強くなります。発酵食品に含まれる菌や菌の死骸が腸に届くと、腸内細菌が、外からほかの細菌がやってきた！　と盛んに活動するためです。

　肉や魚を漬ける場合もありますが、その場合は野菜を漬けると床とはまったく別の床を用意します。そして漬けた肉・魚は食べる前に必ず火を通します。ぬか漬けといえど、生で食べるのは危険です。

●失敗なくつくるには、最初につくるのは青梅が手に入る時期がいいでしょう。青梅が雑菌の繁殖を抑え、夏場の異常発酵を防ぎます。翌年以降も、梅の季節が来たら古いシワシワになった梅は取り出し、今年の梅を入れましょう。

●酸っぱい臭いがしたら粉カラシを入れ、塩を入れます。野菜から水分が出るので、使っていると水が浮いてきます。そのときはキッチンペーパーで水を吸い取り、塩と新しいぬかを足します。カビのようなものができたら周りごと取り除きます。

●ぬか床として売られているものの中には、ぬかだけでなく旨み調味料が入っているものがあります。野菜を漬けているうちに旨みがでてきますので、調味料入りを買わなくてもよいでしょう（最初の数回は捨て漬けと言って、キャベツの外皮など捨てるような部分を漬けて捨てます）。また、どなたかがよい床を持っていれば、ひとつかみほどもらって、よくかき混ぜるとよい床になりやすくなります。

●触る前と後には必ず手をきれいに洗いましょう。ぬか床は生き物ですから、調子の良し悪しがあります。つくりはじめは毎日様子を見ましょう。落ちついてきたらほったらかしでもかまいません。長期にわたって様子を見ないことがある場合は、表面に塩をたくさん振って保存します。もしくは、表面をラップでぴったりと覆い、その上に塩を敷きつめてもよい状態で保管できます（この場合はラップで空気を遮断するのが目的で、塩はラップの抑えです。「置き塩」といいます）。いずれにしても様子がよく見られて、あまり温度の変わらない場所に保存するのがよいでしょう。

ぬか床

●材料（つくりやすい分量）

ぬか	20カップ（約1.5kg）
水	5カップ
粗塩	1と1/2カップ
粉カラシ	1と1/2カップ
ダイズ（乾燥）	1カップ
コンブ	10cm角2枚
青梅	20粒
漬け物用の鉄の塊	1個

つくり方　1、固形物以外の材料を入れ、味噌のようになるまで水分を加減してよく混ぜ合わせる。その後に固形物を入れる。

2、塩でこすって野菜を漬ける。

キュウリ、ナス→塩でこする

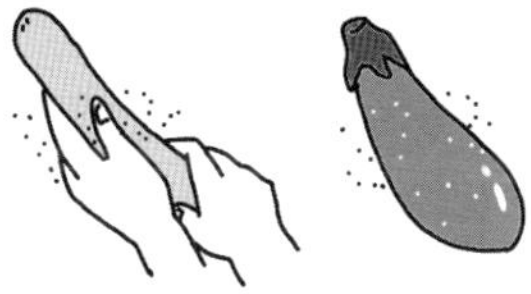

ダイコン→塩を振って、しばらくしてから、ふきとって入れる

キャベツ→葉をばらして塩を振ってから入れる

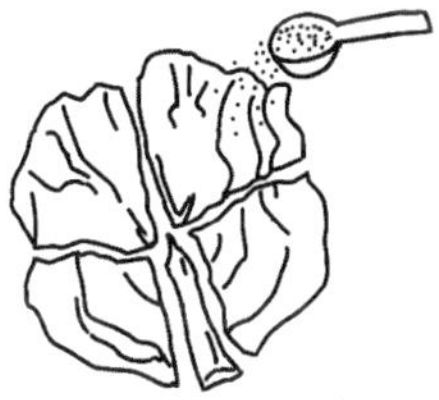

ニンジン→そのまま入れて、かつらむきして、食べる分だけ切ってまたもどす

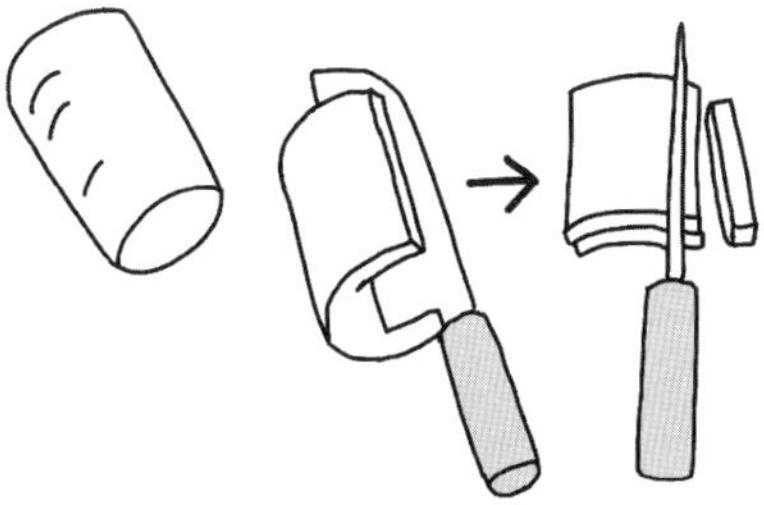

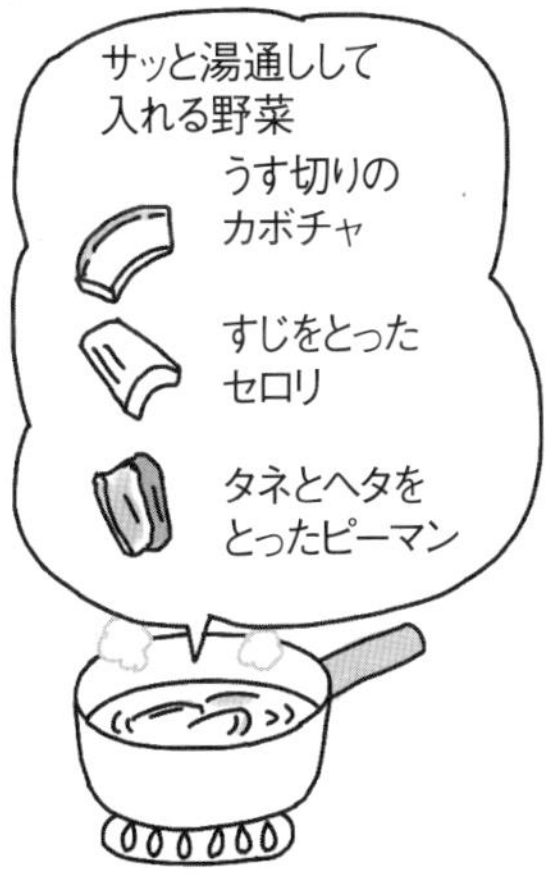
サッと湯通しして入れる野菜
うす切りのカボチャ
すじをとったセロリ
タネとヘタをとったピーマン

青トマト→ヘタをとってから漬ける

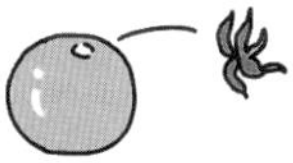

ウリ→半分に切ってタネをとり、塩をかけて水をふきとってから入れる

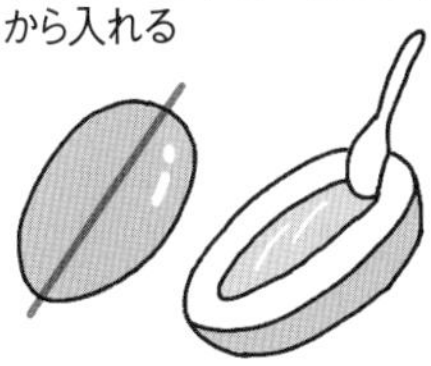

3、床がゆるくなったら穴をあけ、たまった水をキッチンペーパーで吸い出す。

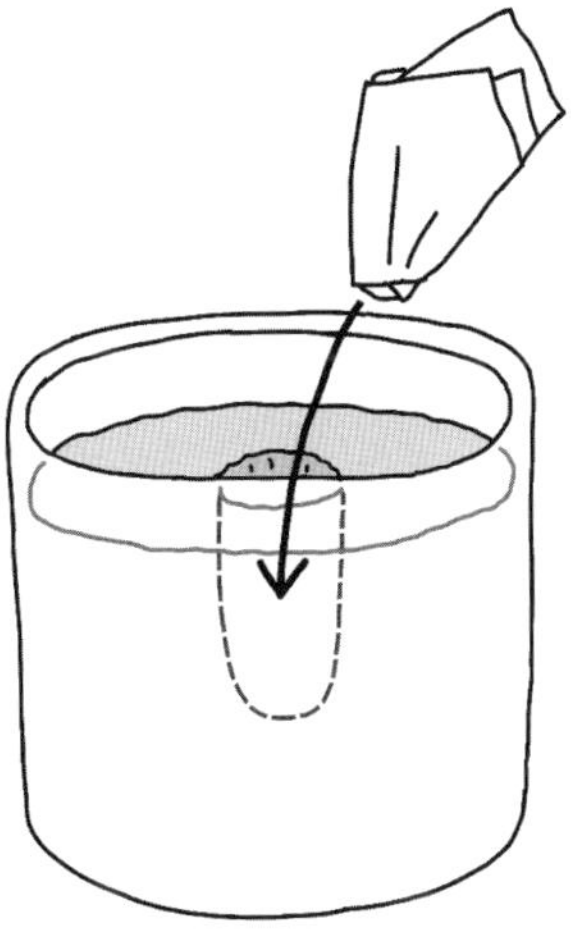

4、長い間床を休ませるとき、漬けてある野菜をとり出し、ぬかを加えて、かための床にする。表面をならしてカラシを振る。

ラップをはりつけて空気を抜き、塩1kgを表面に置く（置き塩）。ゴミが入らないように新聞紙などをかぶせてひもをかける。

ぴったり

ラップ
置塩
ぬか床

12 基本調味料がある安心

●「わが家の味」を食べるために

疲れているときほど食べ慣れた味がうれしいもの。砂糖、塩、酢、醤油、味噌、みりん、酒、油類、ソースなどなど、調理の基本となる調味料は好みのものをストックを切らさず置いておきましょう。これらの調味料があれば、ドレッシングやポン酢、焼肉のたれなどは買いおきしなくてもつくれます。

●塩、砂糖はキロ単位でストック

絶対に必要な塩、砂糖は必ずストックを持ちましょう。わが家の場合、塩は海水からつくった塩が基本で、いま使っているものとは別に1キロはいつもあるようにしています。また、掃除や塩釜調理用にJTの塩を2キロくらい置いています。

砂糖は1キロ入る密閉容器に1つ入れて、使用しているものとは別に白糖・黒砂糖それぞれ1キロずつ、そして保存食用にグラニュー糖を2～3キロ置いてあります。

●醤油・酢・みりんは一升ビンで

醤油と酢とみりんについては、いまだに一升ビンを愛用しています。7割まで使ったら次を注文します。酢は主成分が酢酸のものが蒸発するため料理に使いやすいので、癖のない米酢を使っています。果実酢などでも構いませんが独特の味が料理の邪魔をすることがあります。

●味噌　「もう1パック」を

わが家の場合は味噌は冬に1年分を手づくりするので、ストックがなくなることはありません。市販でも、いま使っているものとは別に「もう1パック」はあると安心です。

●その他の調味料はなくなりかけたら補充

ソース、マヨネーズなどはあったらよいかな？　というていどなので、なくなりかけたら次のものを購入します。

油はゴマ油、オリーブオイルなどサラダ用、炒め物用の油と、米油など揚げ物にも使える油を、どれか一つは切らさずに補充していく、くらいの気持ちで使っています。

そのほか、保存食の容器を消毒したりするために36～40度の焼酎を置いています。

●「先入れ先出し」

ストックは、古いものから使っていくのが基本です。大事にしまって忘れてしまうと、いざというときには期限切れだったり悪くなっていたりということにもなりかねません。ふだんの食事づくりの中で、つねに回転させながら一定の量のストックがあるという状態を心がけましょう。

13 キッチン菜園で小さな自給

■あればうれしい、新鮮なハーブや野菜

ふだんから、家周りのちょっとしたスペースやプランターで野菜を育てて料理に使うようにしておくと、万一流通がストップしたときには貴重な生鮮食品になってくれます。本格的な食べ物の自給にはほど遠くても、香味野菜やハーブを缶詰料理や配給のお弁当に添えるだけでずいぶん気持ちが落ちつきます。決してがんばらなくていいのです。できる範囲で植物と暮らしてみませんか。

わが家ではミントやパセリ、ローズマリー、セージなど調理に使うハーブ類、ヤマイモ、サトイモ、コンニャクイモ、アスパラガス（収穫できるのは2年目から）、金時草（きんじそう。加賀野菜）などが育っています。植える場所があったときには、早く育つ葉物を植えていました。間引き菜から大きくなるまで、ずっと食べることができて家計の足しになりました。食べ物ではありませんがハラン、ホオズキ、シャクヤク、スイセン、デンドロビウムなどもあります。毎年ニガウリまたはハヤトウリの苗を買ってきて育てたりしていますが、ウリ類はあまり大きくなってくれません。じつはあまり園芸が得意ではないのと、世話をしない（できない）ことがあるので、生き残った植物だけが小さな土の場所とプランターにごっちゃりと育っています。なぜか沖縄の島バナナまで、がんばって生き残っています。

以前、ウリ類があまりにも育たないので何人かの植物の専門家に「なぜ私はウリが育てられないのでしょうか？」と聞いたことがあります。答えは明快、「それはあなたの生活環境に合っていないからです！」と言われました。

水のやり方は朝晩ペットボトルに汲み置いた水をプランターにやり、足りない分は水道からホースを延ばしてやるようにしています。

植物は冬を除いて、基本的に家の外に出しっぱなしです。家の中には猫がいるので誤飲をさけるためです。神戸は瀬戸内で温暖な気候なので、真冬でも玄関に入れるだけでランなどの寒さに強い熱帯植物は冬を越します。もっとキチンとした育て方があるはずですが、植物たちには申し訳ないけれど、こちらの都合しだいのいい加減な育て方につきあってくれる植物だけが残っているというわけです。

サカモトキッチンスタジオでしぶとく育つ植物たち
伸びたアスパラガス
プランターのむこうの狭い地面からはブドウ、ミント、ヤマイモ、セージなどが生えています。
島バナナ
カレーリーフ
わが家とウマが合った植物たちです。
コンニャク
ホオズキ
金時草
レモングラス
ヨモギ

■ズボラなわが家でも育つ ハーブやナス科野菜

あなたの生活に合わせてくれる植物を見つけましょう。

ハーブ類はほんの少し飾るのに買うにはちょっぴりお値段がはりますし、生えたらすぐに使えるようになるので、初心者にはとくにおすすめです。珍しいハーブが育てられるのも自家栽培のいいところ。わが家にいる珍しい植物はカレーリーフです。南インドやスリランカで多く用いられるミカンの仲間のハーブで、葉に触ると「カレーリーフの香り」としかいいようのない芳ばしい香りが出ます。市販はほとんどされておらず、香りも気に入ったものに出会うのが難しいのですが、幸運にも私の好きな香りの木をいただきました。植物研究家の方からもらって18年ぐらいになるでしょうか。熱帯植物であるにもかかわらず、ノンビリと冬をすごし大きくなっています。

日本のハーブではサンショウが育っています。春は新芽を使い、5月には実をとって醤油漬けに、秋ごろには大きくなりすぎた枝を刈って干してすりこ木にしたり、と大活躍です。

ナス科の植物（トマト、ナス、ピーマン、トウガラシ、ジャガイモなど）は水やり忘れにも耐え、わが家とは相性のよい植物です。ただしナス科の植物は連作を嫌います。一度使った土は入れ替えるか、連作障害防止用の土を混ぜましょう。トマトのあとにナスをつくっても、嫌がられます。

つや玉トマト

●材料

よく熟したミニトマト　10個
みりん　大さじ4
塩　少々

つくり方

1、トマトはヘタをとり、湯につける。煮えてしまわないよう冷水にとり、ひびわれたところから皮をむく。

ぺろっ

2、みりんを熱し、アルコール分に火をつけてとばす（煮切り）。

ポッ

3、ビニール袋またはビンにみりんと塩を入れ、皮をむいたトマトを入れて30分ていど置いてできあがり。

空気を抜く

冷やして食べても美味。
ワインやお酒の肴にも。

ウソか本当か、人によりミカン類に好かれる、果物に好かれる、といった相性があるそうですから、まずはいろいろ試してみるといいでしょう。

■キッチン菜園ならではの食料調達法

自分で育てていると、ふつうスーパーなどでは売っていないところも食べることができます。

●ウリのつるの炒め物

ニガウリやハヤトウリのやわらかいツル先は、ふつうの青野菜と同じように食べることができます。ツルがたくさん出たときは、チャンスです。ひとつかみくらい集まれば、炒め物にしてじゅうぶん2〜3人前になるでしょう。

●未熟カボチャ、ツル先、葉っぱ、花…も食べられる

カボチャを育てているけどまだ若くて食べられない？　じつは未熟カボチャは中国や東南アジアの市場ではふつうに野菜として売られています。拳より少し大きくなったものは切るか叩き割り、肉と炒め物にしたりスープの具にできます。ツル先ややわらかい葉っぱ、雄花も使えます（雄花は使う前におしべをとりましょう）。未熟な糸瓜の実も同じように食べられます。

■緑のカーテンのおいしい食べ方

節電のため、夏の室内温度を下げるのに、緑のカーテンとしてツル性のニガウリ（ゴーヤ）、ヘチマなどを育てる人が増えているようです。野菜も収穫できて一石二鳥！　ですが、よくとれればとれるほど「どうやって食べよう？」と思案する人も増えているようです。苦みを感じず、おいしく食べるのに米粉が役立ちます。まぶすだけで、コーティングされてとてもマイルドになるのです（レシピについてはｐ81）。

ヘチマは化粧水をとったりタワシにしてもいいですが、沖縄ではポピュラーな野菜です。若いうちの実を、皮をむいて食べやすく切り、油で炒めて好みの味つけでいただくと、口の中までお肌スベスベになります。ぜひ食べてみてください。

サヤインゲンなどの豆類も、ツルで伸びるので緑のカーテンになります。これなら、食べ方に困ることもないでしょう。

■園芸用具は災害時に役立つ

園芸用の手袋は、表にゴムがついて甲のほうはメッシュ地で滑りにくくなっており、軍手よりもトゲさされやかすり傷には強くなっています。園芸用のはさみも、洗えばキッチンばさみ代わりに使ってもいいのです。がれきの中を歩くには、丈夫な長靴が安心です。ハチ用殺虫剤など、テント生活を余儀なくさ

自分用非常食のすすめ

ふだんはなるべく自然に食品から栄養を食べてとるのがいちばんです。とは言うものの、非常のときにはそうも言っていられません。

ストレスの多い大変な時期は、いつもよりもっと体調を整える意識を持たないと身体がもたないかもしれません。そこで、ふだんは飲まなくても、意識してビタミンなどのサプリメントも準備しておきます。とくに疲れたときや風邪のとき、ケガをしたときなど、病院で出されるサプリメントを参考にして自分用に準備しましょう。家族の分も……となりがちですが、親子でも個人ごとに身体の調子は違います。お子さんの場合は保護者が手伝うとして、それでも各自で自分に必要なものを準備するのがよいでしょう。飲み合わせにも注意します。サプリメントにも使用期限がありますから、半年に一度はチェックします。

自分が体調が悪いとき、何を食べれば安心なのか、日ごろから把握しておきましょう。たとえば、もしお腹をこわしてしまったら、脱水症状になりやすいのでお湯に加えて梅干しなど塩気のあるものをいっしょにとり、とにかく脱水症状を起こさないようにします。

その他、持病のある方は自分の症状に合わせた準備をし、また何もなくなったときにどうしたらよいのかなどを病院などで相談して把握しておきましょう。どこかへ脱出できたり救援が来るのを待つとしても、だいたい一週間分は自分の体調を維持できる用意をしておきましょう。

れるときには「あってよかった」になるでしょう。こうしたこまごましたものは、意識して防災用品として揃えだすとキリがありません。ふだんから、こうしたものを使い慣れている暮らしをしていることが、いざというときの安心・便利になりますね。

14 身近な薬草

昔は病気になっても薬は少なく、暮らしの中で手当てをしなければなりませんでした。そんな時代を生き抜いてきた私（廣子）の祖母は明治のはじめの人でした。小さな頃、いっしょに暮らしていました。その頃の私は肌の弱い子で、蚊に刺されては腫れ、あせもができては腫れ、寒いとあかぎれや霜焼け、少し塩辛いものを食べると口の周りが赤くなるという、ちょっとややこしい子でした。とくに夏になるとスキントラブル続出で、祖母仕込みの日常薬を使ってくれました。それが十薬です。

十薬はドクダミのこと。生の葉は臭いのですが、干してそれを煎じて飲めばスキントラブルを防ぐといわれています。刈り取って盆ザルに広げ、陰干ししておきます。これとハブ茶、ほうじ茶をいっしょに煎じて「きれいになるお茶だよ」と飲ませてくれました。広島の爆心地から生還した人が、薬がない中、毎日数本の十薬を煎じたものを、一升ビンに何本もお母さんが飲ませてくれたということでした。

キッチンスタジオのそばの道にもたくさん生えているので、わが家でも十薬に不自由することはありません。

ほかにも、冬は頬や肘が荒れてひび割れてきたときには、ユズを日本酒につけてアメ色になった〝おばあちゃんローション〟を塗ってくれました。夏のあいだにヘチマの茎を切ってヘチマ水をとり、化粧水に。そんな自然の肌を守るものをいろいろと工夫してもらって育ちました。こんなおばあちゃんの知恵を受け継ぎたいものです。

ザルに広げて干したドクダミ（十薬）

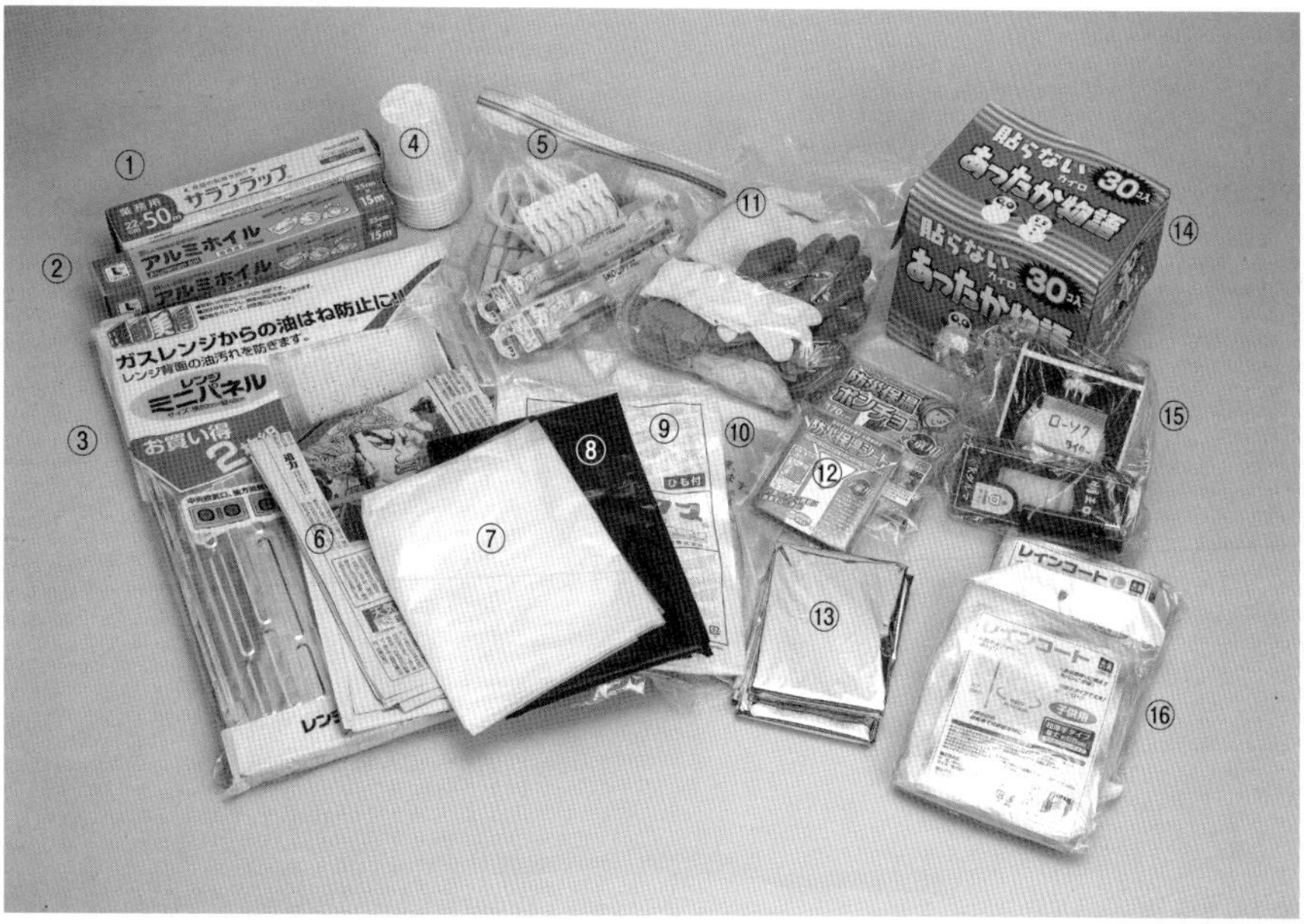

わが家の防災グッズから（1）
①ラップ　②アルミホイル　③レンジパネル　④紙コップ　⑤洗濯ばさみ、トラベル歯みがきセット、消毒用アルコール　⑥古新聞　⑦⑧⑨⑩大小ポリ袋各種　⑪手袋各種　⑫ポンチョ、シート（保温機能あり）⑬エマージェンシーブランケット　⑭使い捨てカイロ　⑮ローソクとライター　⑯レインコート

15 キッチン小物が大活躍

災害時の暮らしを少しでも安全・安心に過ごすためには、雨風をしのぎ暖を取り、食事やトイレやゴミ処理が衛生的にできる環境を自分の手でつくらなければなりません。そんなときに活躍するのがキッチン小物たち。p32や42で紹介したような紙一重調理やトイレ処理にはラップやポリ袋が役立ちます。どれも非常時には補充が難しいので、ストックを持っておきましょう。

■ポリ袋

ポリ袋はいろいろな大きさがあります。小さな9番（15㎝×25㎝）からやや大きめの12番（23㎝×34㎝）くらいまで、厚さは厚めのものを用意しておくといろいろな用途に使えます。

ゴミ袋用のポリ袋は水を溜めたり大きなゴミを処理したり、切って開いて防寒・雨よけに使ったりと重宝します。大きめの45リットルかそれ以上のものがあるといいでしょう。

■ラップ・アルミホイル

ラップは幅の長いものと、短いものと1本ずつ。どちらも切れないようにストックをしておきます。アルミホイルも一つはストックを。ただしアルミホイルは湿気などで腐*ることがあります。湿気の多いところには置かないでください。

（*酸化によって色が変色したり、ホイル同士がくっついたりすること。腐食です）

■クッキングペーパー・キッチンペーパー

クッキングペーパーはオーブンペーパー、シリコンペーパーとも呼ばれ、調理だけでなくお菓子づくりには欠かせない紙です。表裏があるもの、ないものがあります。どちらかといえば、気にしなくてよい両面のものがいいでしょう。米粉でめんをつくったりするときや、くっつきやすいもの（もちなど）を温めるときに下に敷くと扱いやすくなります。厚焼き玉子をひっくり返すときに敷いたままひっくり返して焼いたり、魚を焼くときに魚の形に小さく切ってはると魚が網に引っつくことがありません。

災害時には、フライパンに敷いて使えばフライパンを汚さずに焼き物ができ、節水になります。

キッチンペーパーは洗ったり絞ったりできる強いものがおすすめ。洗濯ができないときの布巾の代わりに重宝します。調理だけでなく掃除や身体を拭くのにも使えますからボロボロになるまで使って、最後は雑巾のように床を拭いたりもできます。

腐ることはないので必ず1本はストックを持っておき、湿気のあたらないところに置きましょう。

■濡れティッシュ・除菌スプレー

濡れティッシュは水がないときの手洗い代わりや体ふきなどに活躍します。

除菌スプレーは余計な香料や添加物の入っていないアルコール（消毒用エタノール）のものが何にでも使えるのでおすすめです。ただしアルコールはすべての菌を除菌するわけではありません。表面の、アルコールが直接届く範囲しか除菌できないことを覚えておいてください。食べ物の内部にはもちろん効きませんし、木やプラスチックは見た目はツルツルでも細かい穴やデコボコがあるので、アルコールを完全に行き渡らせることはできず、除菌は不完全になります。金属のものは表面にしか菌がいないので、表面消毒でOKなのです。ガラスやツルツルの磁器もアルコール消毒でよいでしょう。ただしザラザラの陶器（土もの）はご用心。

また、アルコールの揮発しやすい性質を利用して、金属製品を洗って早く乾かしたいときにひと吹きすると、乾燥が早くなります。

■キッチンばさみ・ピーラー・スライサー・おろし金・すり鉢

これらの道具があれば、まな板を使わない調理に活躍します。キッチンばさみは利き手に合ったものを選びます。刃先が大きすぎるものは調理しにくいので、あまり大きすぎないものを。ピーラーは刃が固定されておらず動くものがいいでしょう。縦型でも横型でも手に合ったものを選びます。

スライサーはよく固定できる、安全なものを選びます。

おろし金は金属の粗いおろし金と、セラミックの細かいおろし金の2種類あると便利です。ダイコンやニンジンなどは粗いおろし金、ショウガなどはセラミックの細かいおろし金、と使い分けられます。すり鉢は、細かいおろし金の代わりになり、あるていどの大きさがあるとボウル・食器代わりにも使え、一つあると便利です。

■保冷バッグ・発泡スチロール

保冷バッグはふだんのお買い物や保温調理に便利です。緊急時、冷蔵庫が止まったときは保冷剤を入れて食品を保存すれば、冷蔵庫を何度も開けて温度が上がるのを遅くすることができます。発泡スチロール箱も同じです。手に入れやすいのは、春先以降に使われるリンゴ箱用の発泡スチロール箱。スーパーでもらえることが多いので、聞いてみましょう。ふだんは保温調理の容器として使ったり、パンを発酵させる保温箱として使えます。

■使い捨て手袋

使い捨て手袋は素手で触りたくないものを触るときに便利です。手が完全には洗えない状態で食品に触るとき、手にケガをしているとき（傷のまわりには細菌が繁殖しています）の調理に。逆に汚物などを触るときは手に菌をつけないために。

災害時はとくに、トイレだけでなく、吐しゃ物や鼻水、鼻血などの汚物を処理する場合は必ずマスクと使い捨て手袋を使いましょう。衛生環境全体が悪化している上に、人も極限状態で免疫力が落ちているので、ふだんだったら平気かもしれないことでも病気が広がる危険が高まります。家族のものでも風邪や食中毒などがうつることがあります。もちろん、ふだんから気をつけておいたほうがいいのです。病院のない状態になったときに病気の拡大を防ぐためには、日ごろから汚物の処理には気をつける癖をつけておきたいものです。

使い捨て手袋にはゴム製、ビニール製などがあります。アレルギー体質の方はゴム製は避けたほうがよいかもしれません。

ビニール製もぴったりしたものから薄くゆったりしたものまでさまざまです。使いやすいものを1箱（100枚程度）置いておきましょう。

わが家の防災グッズから（2）
①ＬＥＤミニライト　小さいけれどけっこう明るい。　②携帯電話用充電アダプタ　③のラジオから携帯電話を充電します。　③ダイナモ（手回し充電）式ライトつきラジオ　電池がなくても使える。携帯電話の充電も。　④⑤ガムテープ、ビニールテープ　何かを貼る、しばる、封をするなど、ないとけっこう困るものです。　⑥⑦十徳（十五徳）ペンチ、ナイフ　じつはふだん使うにはあんがい使いにくいものだったりしますが、いざというときのためにはこういうものもあると安心。　⑧油性サインペン　家族へのメッセージなどを残すには、雨で流れてしまう水性ではなく油性をストックしましょう。　⑨カッター　刃を折って切れ味を維持できるので助かります。

家が再建できない⁉ 建築基準の確認をしておこう

地震のとき、いのちを守ったのも、奪ったのも家・建物でした。いのちを守ることのできる家かどうかは見た目ではわかりません。

阪神・淡路大震災のとき、「全壊」と判定された家は公費で撤去されました。ところが、更地になったので家を再建しようと思ったところ、法律や条令が変わっていて、家を建てることができないという事態が発生しました。

家に面した道の種類によって、鉄筋でしか建てられないとか、建ぺい率が変わってその敷地では建て替えが不可能、といったことがあるのです。建築基準法や都市計画法や自治体の条例が関係しますが、いまある建物の増改築は認められても、新築はダメ、ということが多いようです。

大工さんの話では、全壊判定が出ても修理して住み続けられる家がずいぶんあったのに、たくさん潰されてしまったということです。そのあとで「ここには昔通りの家は建てられない」と言われたら、どうしたらいいのでしょう。そんな理由で住み慣れた町を離れざるを得なかった人もいます。

まずは潰さないための耐震補強。ちょっとお金がかかっても命よりは安いものです。自治体によっては耐震診断をしてもらえる場合もあるので、自分の家が再建できる場所かどうかの確認も含めて、役場に聞いておいたほうがいいでしょう。

16 破壊・脱出（救出）用の道具

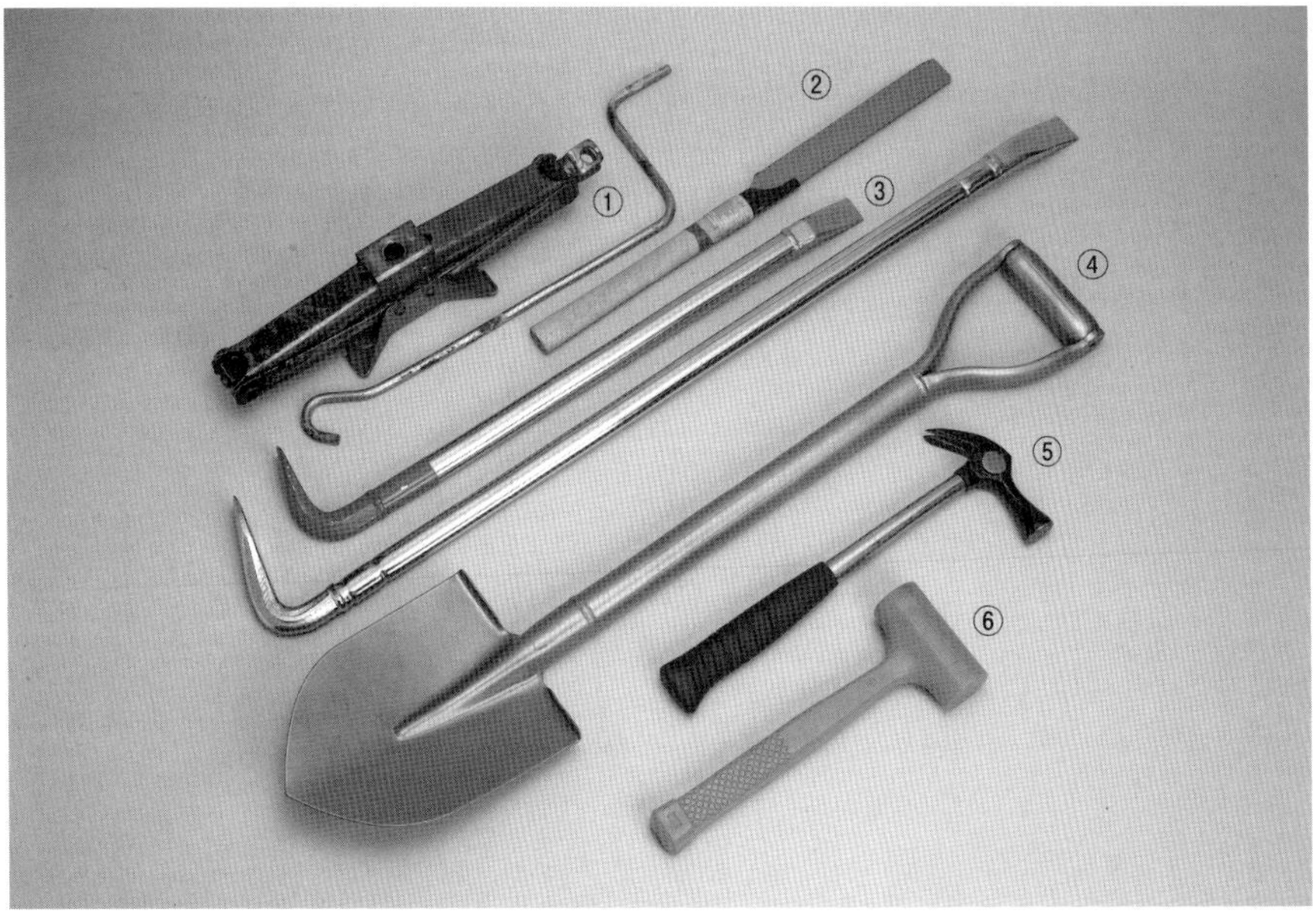

わが家の防災グッズから（3）
①ジャッキ　②ノコギリ　③バール（大・小）　④スコップ　⑤ハンマー（釘抜きつき）
⑥ハンマー

台所からは離れますが、いのちを守るために持っておき、使い方に慣れておきたいものがいくつかあります。一つは破壊・脱出（救出）用の道具たちです。

阪神・淡路大震災のとき、つぶれた家々の中で下敷きになった人を救いたいと思いながら、生身の人間の力ではどうにもならなかったことがたくさんありました。たとえ大人が何人か集まっても、素手では落ちた屋根を動かすこともできないのです。被災直後には消防も救急も来ません。自衛隊が到着するのにも時間がかかります。いま、ここにジャッキやバールがあれば救えたかもしれない…と後悔しないためにも、最低限の工具・道具は自前で持っておきましょう。

■ジャッキ

車があればたいてい持っていると思いますが、車がなくてもあったほうがいいでしょう。モノによりますが、2トンていどのものまで持ち上げる・すきまをあけることができます。写真のジャッキはネジ式で手動で回すタイプですが、油圧式でもう少しラクなものもあります。いずれも数千円～1万円ていどで買えるので、手に入れたら使い方を練習しておきましょう。

ジャッキを使うときは、持ち上げたものがすべってドスンと落ちないように、木でもブロックでも支えを入れて補強しておきましょう。

■バール

平たい先端をせまいすきまにさしこんで、テコの原理で持ち上げる（こじあける）道具です。もう一方の端は釘抜きになっており、倒れた柱などを引っかけて引っぱることもできます。鋭いハンマーとして叩き割る用途にも使えます。モノによりますが数千円～1万円くらいまで。

なお、2003年以降は「特殊開錠用具の所持の禁止等に関する法律」（通称「ピッキング対策法」）により、ピッキングツールなどの特殊開錠用具だけでなくドライバー、バールなどの「指定侵入工具」を理由なく持ち歩いていると罰せられることになっています。持ち歩くのではなく、震災で家がグチャグチャになっても取り出せるところに隠しておきましょう（わかりやすいところにあると、使って侵入されてしまうかもしれません。置き場所は考えてください）。

■ノコギリ

ふだんから粗大ゴミを捨てるときや、木の枝を払ったりするときに活躍します。折りたたみの簡易ノコギリでもいいのです。災害時には、とにかく邪魔な柱や木を切るために。がれきからマキを調達するためにも必要です。

あっても切れない！　ということがないように、使えるかどうかのチェックをしておきましょう。近頃はナイフを扱ったことがないという子もいるので、ノコギリを使ったことがない人もいるはずです。刃先が手元のほうに向いているノコギリ（日本で多いタイプ）は、引くときに切れるので、押すときに力を入れても疲れるばかりです。一度経験しておくことが必要です。

マキを使いやすい大きさに小さく割るのがオノ（ヨキ）、もしくはナタなどの刃物です。ふだんは庭木やアウトドアで枝打ちをするのに使えますが、マキの割り方も身につけておきましょう（p24のマキ割りの図参照）。

■ハンマー

とにかく叩き壊すにはハンマーです。車には、事故のときに中から窓を割って脱出するためのものを用意しておきましょう。ついでにシートベルトを切ることができるハサミやカッターも（防犯上、目につく場所には置かないようにしましょう）。

17 アウトドア用品など

雨風をしのぎ暖を取り、眠る。家が使えないときに人間としてのもっとも基本的な生活を維持するのに、アウトドア用品があると役立ちます。

■シートとロープ

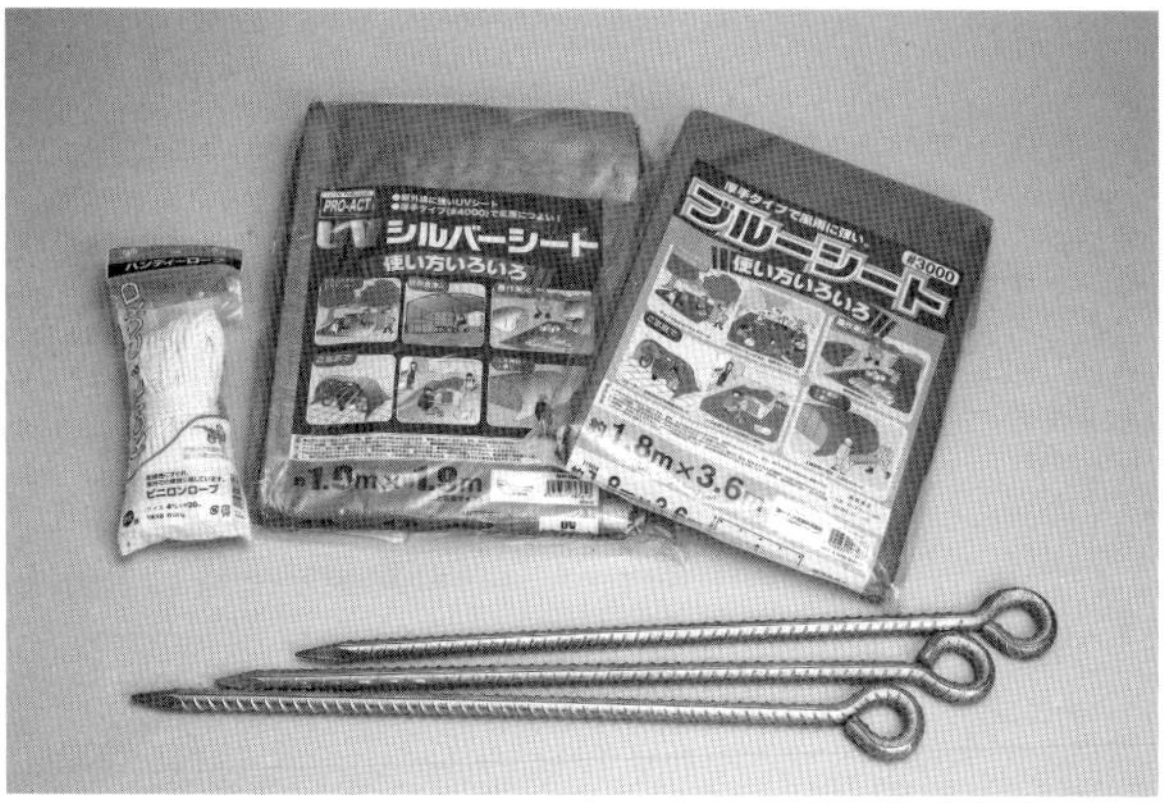

雨風に強いブルーシートや断熱・保温性のあるシルバーシートなど、大きめでロープを通す穴があるものを持っておきましょう。ふだんは家族でのハイキングや自転車の雨よけに使っていればいいのです。いざというときにはこれらのシートを使って応急でもテント（らしきものでもいいので）をつくりましょう。雨に強い防水性のロープもセットで。ペグはテントを固定するロープを張るために使いますが、p24で紹介したようなカマドをつくるのにも使えます。

意外に困るのが「ロープの結び方」。蝶結びでは不安定だし、デタラメに結ぶとほどけない…では困ります。せめて「もやい結び」だけは覚えておきましょう。

もやい結び

1、ロープの途中をひねって輪をつくる。

2、端を1の輪に通し、元の下をくぐらせる。

3、端をもう一度輪に通す。

4、端と元を引き合い、結び目を引き締めて完成。端を輪にもう一度結びつけると、より丈夫になる。

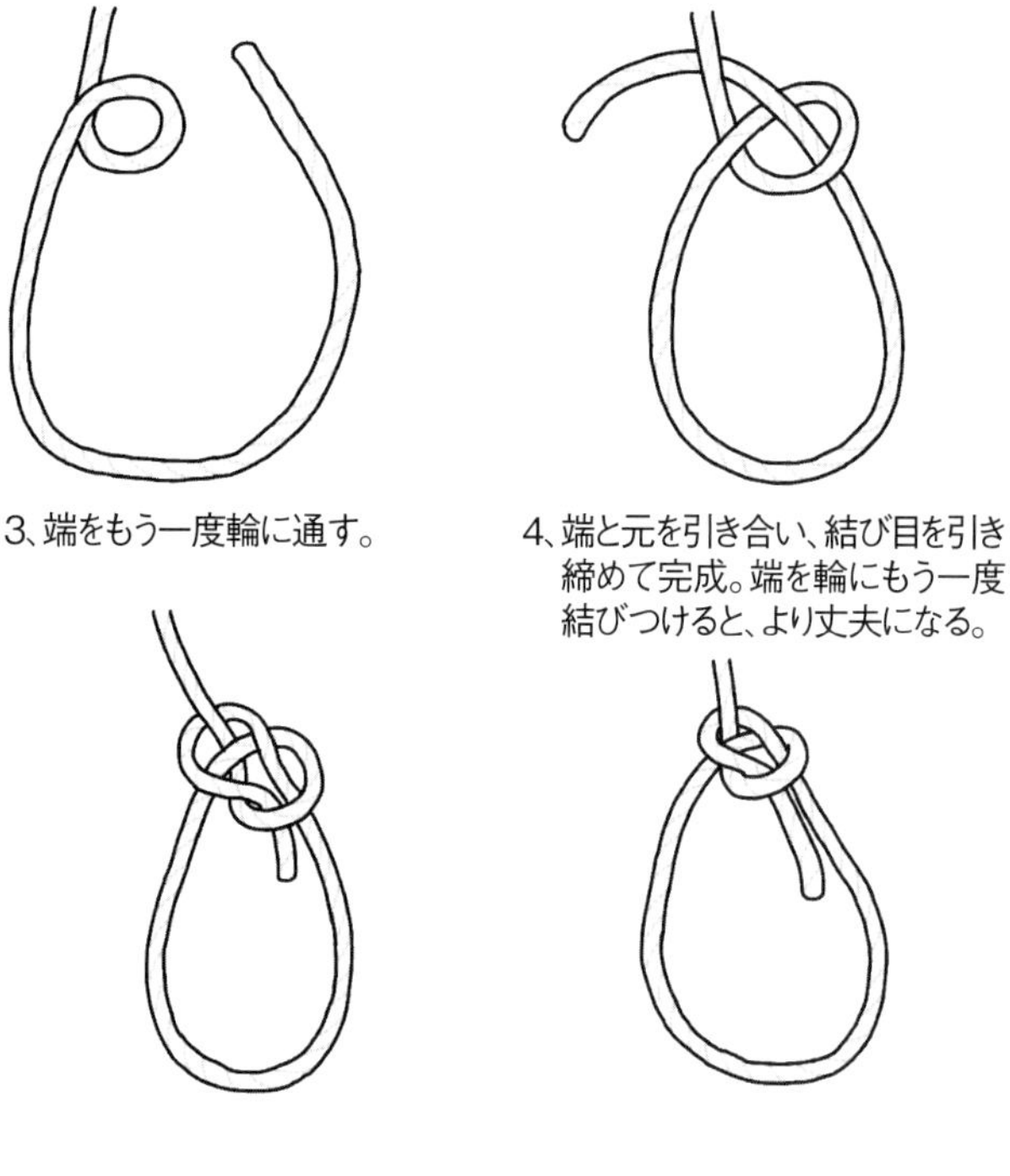

■野外調理用品

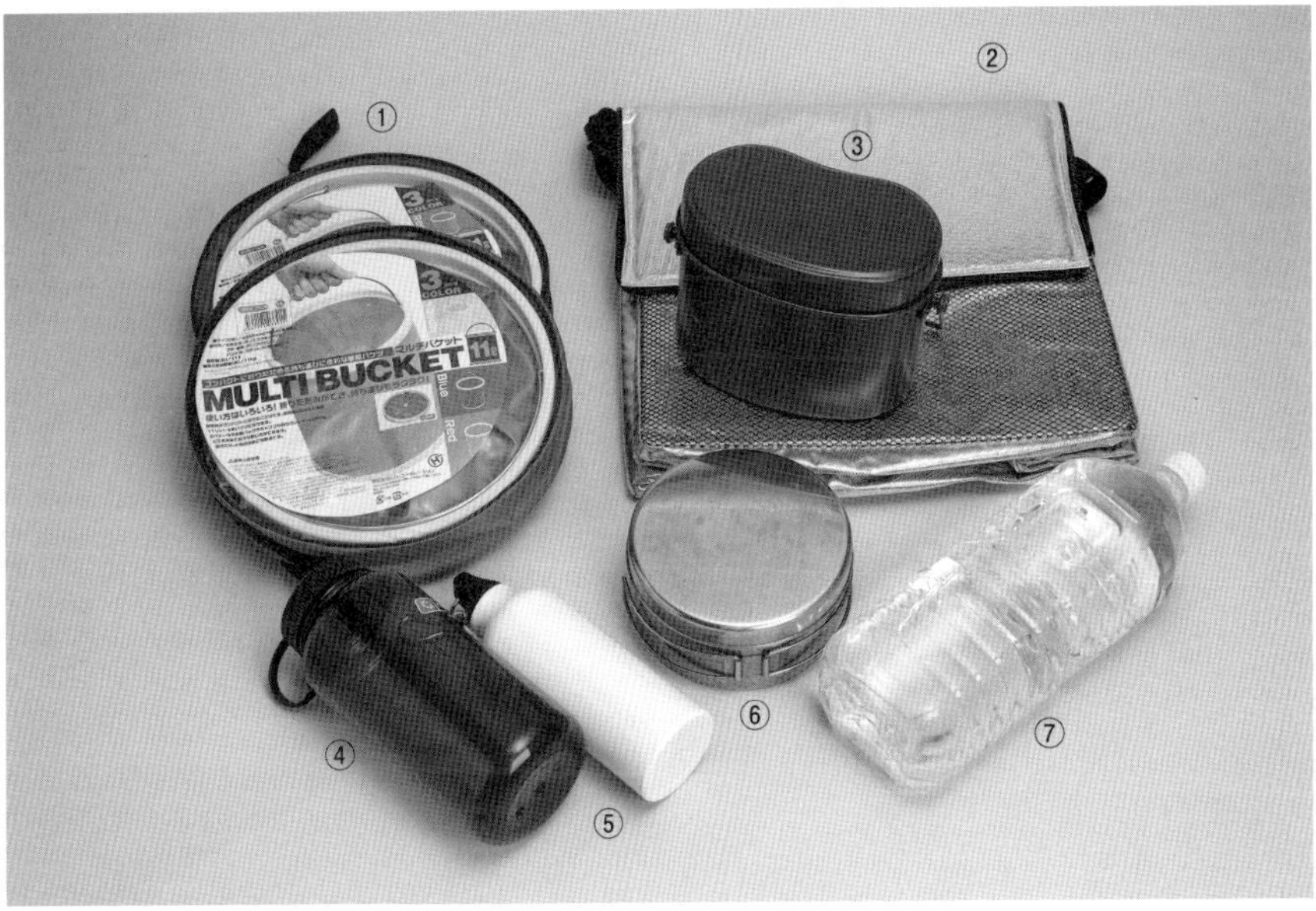

①折りたたみ式バケツ　②折りたたみ式保冷箱　③飯ごう　④ボトル
⑤ボトル（保温タイプ）　⑥ステンレス製食器セット　⑦水

おなじみの飯ごうから、折りたためるバケツ、壊れにくく洗いやすいステンレス製の食器セットまで、「あってよかった」と思うもの。平たくたたんだ保冷箱は、地面に敷いたブルーシートでは防げない寒気を遮断する座布団にもなります。

また、写真のような薄い樹脂製まな板と包丁、キッチンばさみ、ピーラーがあれば「どこでも台所」になります。これはアウトドア用に1セット用意を。

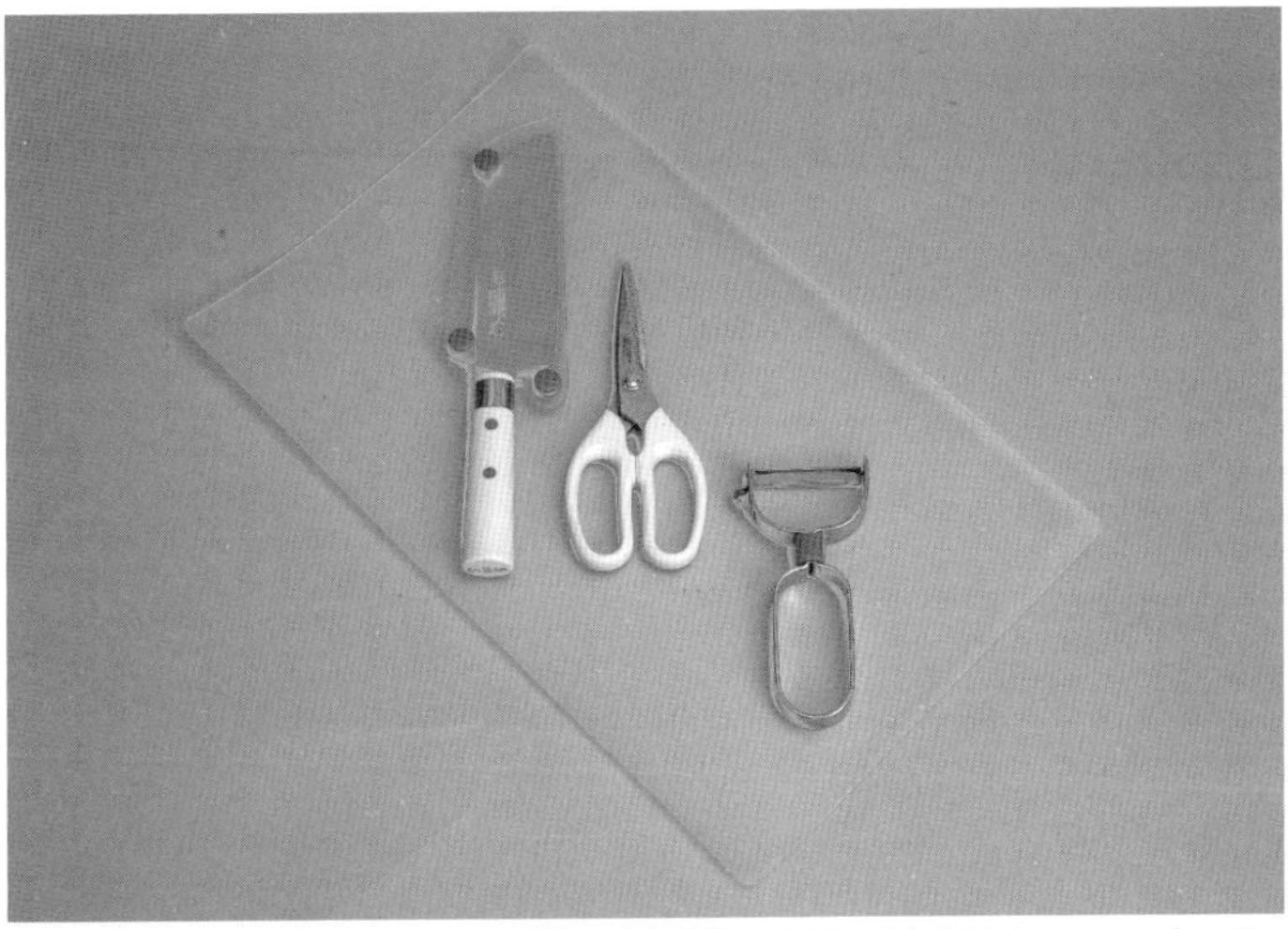

包丁、キッチンばさみ、ピーラー、薄いまな板は「どこでも台所」セット（カバーつきが便利）

■シュラフなどの寝具

シュラフ（寝袋）は安価になってきているので、家族の人数分用意してあってもいいでしょう。冬山登山用などの高級品を見ればキリがありませんが、手軽なものなら2～3000円から買えます。

ふつうの布団と同じような封筒型、すっぽり覆うマミー（ミイラ）型の2種類があります。お好みでどうぞ。

マミー型は顔を出すだけなので、肩を冷やすこともなく、包まれている安心感があるといいます。私は寝相が悪く手足を動かしたいのと、広げると一枚になる封筒型が好きで使っています。

ひんぱんに使うのであれば、シーツを袋型に縫って中袋にすると、この袋を洗うだけでいいので洗濯が楽です。

シルクの毛布は軽くてかさばらず、保温性が高いので助かります。

野外で寝るときは、クッションシートか、またはダンボールや新聞紙を敷かないと凸凹で寝心地が悪いのと、冬は地面から温度を奪われるので大変寝にくくなります。ベッドのように地面から高い場所で寝るのがいちばんですが、できない場合は地面との間に何かを入れてください。

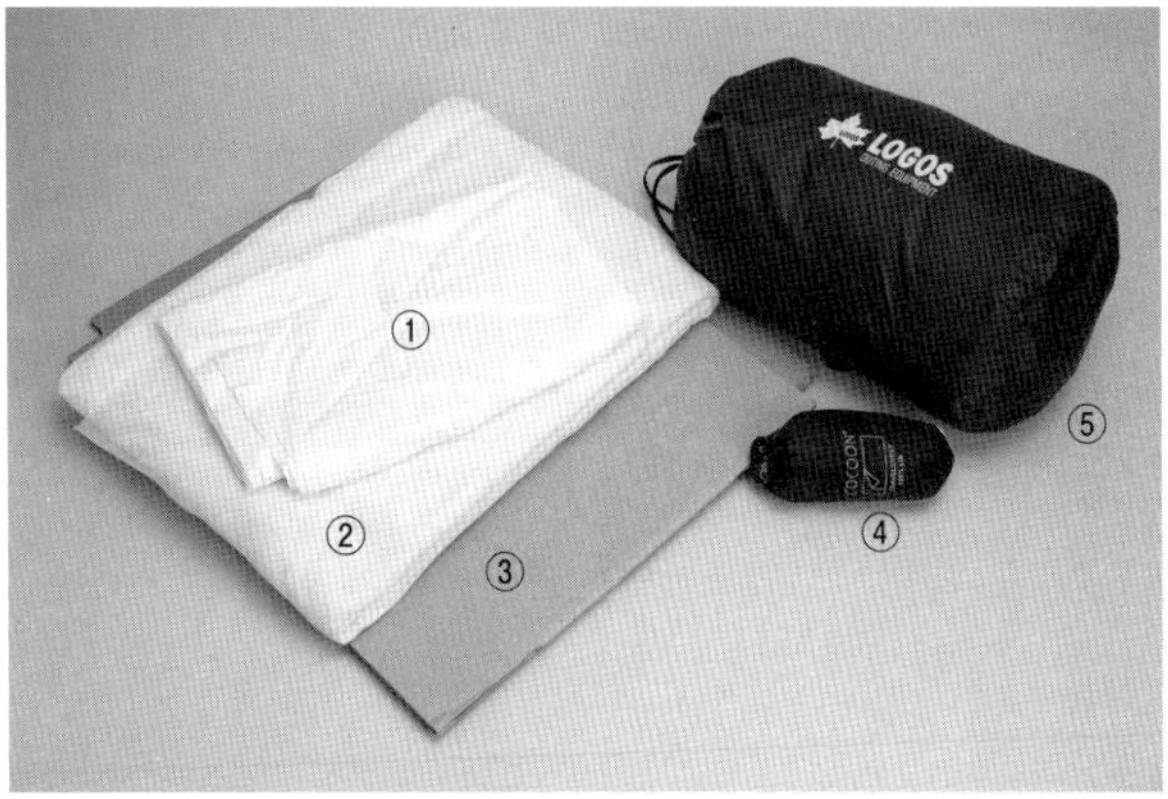

①木綿のシーツ　②シルクの大きな毛布
③段ボール　④シルクの封筒型シーツ　⑤シュラフ

■台車

アウトドア用品ではありませんが、台車は水運びや買い物で活躍します。水は1ccで1gですから、2リットルで2キロ、

20リットルで20キロ。見た目よりずっと重いのです。持っているうちに疲れてさらに重く感じるようになっていきます。使いやすい台車を一つ、持っておきましょう。わが家では折りたたみの持ち運びやすい台車を使っています。段ボール箱をガムテープで補強して大きなポリ袋をかぶせた即席バケツは、たくさん水を入れるのにはいいですが、重くて台車がないととても運べませんでした。

■自転車やバイク

自転車は荷台をつけておくといいでしょう。電動アシストならより便利です。2台あるとなお安心。空気入れやパンク修理セットなども忘れずに。

パンク修理セットは穴ふさぎ用のパッチと専用ののり、タイヤをはずすレバーなどがセットになったもの。数百円～1000円ていどで買えます。デコボコになった道では自転車はすぐパンクします。修理をしてもまた使えなくなるかもしれませんが、応急処置用に。

自転車のパンク修理は1～2回教えてもらえば誰でも簡単にできるようになります。専門家にやってもらったほうがキレイですが、いざというときのために友人や知り合いに教えてもらっておいてもよいかもしれません。

ふだんパンクを繰り返すときは、中のゴムチューブが劣化して寿命を迎えています。自転車屋さんに頼んで取り替えましょう。外のタイヤも寿命があります。みぞが減ってきたり、ひび割れが起こってきたらもう要注意。ゴムは太陽光で劣化しますから、野外に置いている場合はそれも考慮して、ふだん乗らない方はたまにチェックしてください。フレームが壊れていると使えません。

バイクや車はガソリンが半分になったら給油しておきましょう。ただし、阪神・淡路大震災は直下型で瞬間的に大きな力が加わったためか、タイヤが破裂していることもありました。災害の時に車が使えるかどうかは、残念ながら運しだいです。

道路が地盤沈下したり亀裂が入ったり、マンホールが浮き出したりしてしかも見えにくいときがあります。二輪車の運転にはじゅうぶんに注意してください。

ナイフを使えるように

小学生になったら、カッターで鉛筆を削ったりして、刃物を使う練習をしてはいかがでしょうか。刃物は触ると切れるので怖いものですが、リンゴなど果物の皮をむいたり、野菜を切ったりといった調理はもちろん、荷物を解いたり、封筒を開けたり、何かと便利な道具です。危ないからといって遠ざけていると余計に危ないものです。家族の誰もが慣れて使えるようにしておきましょう。人差し指の長さていどのナイフ（刃物）がおすすめです。

持ち物・備品チェックリスト

あると便利な品々をご紹介します。具体的な種類や数は必要に合わせて。
いろいろあるものですが、いざというときは、
すべてをふり捨ててでも「逃げる勇気」を持ちましょう。

A いつも使っているバッグに入れておく物

就寝時は枕元に置いておきましょう。

貴重品

☐ 家の鍵、車の鍵
☐ 財布(現金は少額のお札と小銭を入れておく。ほかにキャッシュカードやクレジットカードなど)
☐ 身分証明書(免許証など)
☐ 健康保険証
☐ 携帯電話
☐ 印鑑

日用品

☐ 綿大判ハンカチ(バンダナ)
☐ ティッシュペーパー★
☐ 常用薬
☐ 歯ブラシ
☐ ばんそうこう
☐ ボールペン
☐ くし
☐ 爪切り
☐ 耳かき

非常時に役立つ物

☐ マスク★
☐ 笛や鈴
☐ ミニはさみ
☐ 軽量の防寒具(絹のスカーフなど)
☐ ウェットティッシュ★
☐ 携帯用箸+スプーン
☐ あめ+塩
☐ 水ボトル(小サイズ)
☐ 油性ペン
☐ 押しピン
☐ ポリ袋(大・小)★
☐ マッチまたはライター

B 一時避難持ち出し袋用

3日ていどの場合。Aに加えたい物で、両手のあくリュックサックに入れる。

☐ 携帯電話の充電器
☐ タオル(洗ってかわかしたもの)★
☐ 着がえ(肌着など衣類)
☐ 洗面用具や化粧品
☐ 生理用品
☐ 水ボトル(500ml)★×家族人数分
☐ 梅干し
☐ 焼きノリ
☐ ラップ★
☐ 懐中電灯
☐ 乾電池★
☐ 携帯ラジオ
☐ 折りたたみ傘
☐ カイロ★
☐ エマージェンシーブランケット
☐ 炒り大豆
☐ 新聞紙
☐ ポリ袋(大・小)★
☐ 紙コップ
☐ 包丁
☐ ミニまな板
☐ ビタミン剤など

C 自宅で避難生活に役立つ

A、Bに加え、備えておきたい物。

生活用品

☐ トイレットペーパー★
☐ 新聞紙
☐ ガムテープ
☐ フタつきのバケツ
☐ ローソク★
☐ 洗剤
☐ 厚底のスリッパ

調理用品

☐ キッチンペーパー★
☐ アルミホイル
☐ オーブンシート★
☐ キッチンばさみ
☐ 包丁
☐ ミニまな板
☐ ピーラー
☐ カセットコンロ
☐ ガスボンベ(3本以上)
☐ IH クッキングヒーター
☐ 電子レンジ
☐ フライパンや鍋(フタつき)
☐ 菜箸
☐ 玉じゃくし

救助用品

☐ 軍手
☐ バール
☐ ノコギリ
☐ ハンマー
☐ ロープ
☐ 古布(古タオルやシーツを適当に切る。汚物や割れ物処理などに)
☐ ジャッキ

食料

☐ 本書を参考に用意。

子ども用の食料

☐ 炒り大豆
☐ ようかんなど豆原料の甘味菓子

個別の必需品

☐ メガネまたはコンタクトレンズの予備
☐ 抱っこひも
☐ とろみ剤
☐ ストロー
☐ 紙コップ(哺乳びん代わりにも)
☐ 粉ミルクやおむつ

あればなお快適

☐ 底がじょうぶな運動靴
☐ 自転車+パンク修理キット
☐ 空気入れ
☐ 段ボール
☐ シュラフ
☐ ブルーシート
☐ 圧力鍋や蒸し器
☐ 台車
☐ 金属製の水筒
☐ ルーペ
☐ 体温計

★印は消費・消耗しやすい物。きらさないように準備しておきましょう。

PART 3

みんなで支える食のライフライン

1 農村の強さ ～頼りにできる関係を日頃から

■「いつでも買える」のもろさ

日本のどこで災害が起きても不思議ではなく、いつ、どこに起きるかはわかりません。また、どこで起きたとしても、災害が起きたところだけでなく全国で二次的な被害が発生します。狭い日本の国土の故でもあり、物流が発達した現代だからこそ、一部の痛みは全部に波及することになるのです。

東日本大震災で津波の被害を受けた地域は、阪神・淡路大震災のときとは比べ物にならない広さでした。もともと物流が大変な地域だったので、ガソリンがうまく供給されなかったこともあり、あらゆるものが不足しました。それだけではなく、津波の被害を受けなかった地域でも、水、電池、米、レトルト食品などがアッという間に店頭から消えました。震災の少しあとに行った福岡県の久留米でも、スーパーの棚から水がなくなっていました。「いつでも買える」と思っていたものは、じつはよくわからないとても遠いところから来ていて、その流通のどこか一箇所が切れただけでも手に入らなくなってしまうことを実感させられました。ここには中身があっても、あっちでつくっているパッケージが用意できない、届かないといった理由で生産が止まることがあちこちで起こりました。便利なはずの広域流通システムの落とし穴でした。

■大潟村の困らない話

震災から半月ほどあとの3月末、秋田県の大潟村に出張しました。東京など首都圏でモノ不足が騒がれていた時期でしたが、大潟村では昔からの地元のお店や、農家が出している道の駅はそんなにあたふたしていません。豆腐もいつもどおりあるし、お米もたっぷりある。地元ではつくっていないスキムミルクがないから持ってきて、と言われたくらいでした。

ちょっと昔の近場の流通、地産地消であれば、いつもの商品をいつもと変わらず供給できます。道の駅はいざというときの、地元の人のための近場の供給を担う防災拠点としての機能を持つことができるのです。さらには、そこに防災用の機器が置いてあればその地域を守ることができます。

大きな防災拠点を一つつくるよりも、小さな拠点がたくさんあるほうが、ゾーンとして全体を細やかに守ることができるのです。見える範囲で人の暮らしを守る防災の拠点を増やしていくことができたらと思います。

■第二、第三のふるさとが助けてくれた

阪神・淡路大震災のときも、近場のＪＡや道の駅からの援助がありました。近場でこそ可能なことでした。近くの農村の友人たちが、いま畑にあるものでお惣菜をつくって運んでくれました。昼ごはん、晩ごはんに思いっきりたっぷり食べることが

できたダイコンの煮物は、おにぎり弁当が続く避難所生活で本当に食べたかった「ふつうのごはん」だと誰もが喜びました。

この町は、1988年に兵庫県が「食と緑の博覧会」を開いたときに会場になった町です。私はイベントのあとも村おこしをお手伝いし、友の会組織をつくりその指導に毎月、12年のあいだ通いました。そこでいっしょに勉強したメンバーは、いまも懐かしく、近くに行ったときには出会いを楽しみにしています。勉強だけでなく毎年のタケノコ掘りや黒豆狩りも楽しみで、当時小さかった子どもたちにとっては、この町がふるさとになっているようです。

また、地震のあとは、ふだんでは考えられないくらいの粉塵が舞いました。これは本当にがれきの撤去から復興の建築工事まで2年くらい続きました。その間の空気の悪さは根性で乗り切れるというものではありません。どんなに注意しても空気は換えられないので、アトピーと喘息をもっていた娘の幼なじみは大阪近郊の私の友人に預かってもらいました。ライフラインが途絶え、肌を守る入浴もままならず、喘息を治療してもらっている病院も機能しなくなったため、空気のよいところ、治療を受けられるところに疎開するしかありませんでした。この場合、がんばって地元に残ることはいのちの危険にも繋がります。ハンディキャップのある人は、どこか空気疎開できるところを、ふだんから考えておき、日常の暮らしが続けられる環境に、できるだけ早く疎開させてあげてください。

■「いざというときにはいらっしゃい」と言ってもらえるように

いまは都会生まれの都会育ちという人が多くなりました。私も神戸生まれの神戸育ち、早くに父を亡くしたこともあり、父のふるさとは小さな頃に連れられて行った思い出の中にしかありません。父の実家は昔からそうめんを製造していたので、製造のときに出る「そうめんばち」（そうめんを伸ばすときの端の部分、商品としては売らない）は、私にとっても子どもたちにとっても田舎の味。そんな味の記憶で本当のふるさとともつながってはいましたが、助けてもらえる人間関係が続いていたのは、毎年実際に訪ねていた町でした。

どんなご縁でもいいので、日本の中に2箇所「いざというときにはいらっしゃい」と言ってもらえるところがあれば、何とかなります。私たちのように本当の田舎、ふるさとを持たない者も新しく第二、第三のふるさとを見つければいいのです。自治体、学校、団体などが結ぶ姉妹都市や防災提携の相手先でもいいし、個人的な縁でもかまいません。わが子をまったく知らない人に預ける親はいないので、万一のときに子どもを避難させる場所を決めるためには、必ず事前にその場所を訪れるでしょう。そんな交流が日常にあれば、それは地方の振興にもつながります。そんな田舎と都市との防災交流が新しい日本の流れになったとき、大きな災害に立ち向かうゆるやかな絆の力が発揮されることでしょう。狭い日本、明日はわが身です。

2 町の「お店」をみんなで支えよう

■暮らしの復興は「ごはん指数」で考えたい

急場をしのぐことができたら、次の課題は暮らしの復興です。阪神・淡路大震災以降、「復興」という言葉をあらわす指数は何？と聞かれたら、私は「ごはん指数」と答えています。復興はビルが建つこと、道ができることだけではありません。

ライフラインが回復し、安全な水、ガス、電気が手に入るのは大前提ですが、そこから先の暮らしの質は置き去りにされがちです。仮設住宅では一家族が6畳一間に寝起きし、それぞれに台所はなく24世帯に二つの共同炊事場というところもありました。近くにあった市場が焼けてしまったのに復興住宅の中では商店の設置が許されず、2キロも歩かないと食材を買えないところもありました。東日本大震災でも、同じような理由で、仮設住宅に当選しても入居しない人が多く出ました。住宅だけあっても買い物に行けないところでは住むことはできません。

毎日のふつうのごはんがつくりにくい状況は、本当に復興してはいないと思います。日々の暮らしがもどったかどうかの基準は「ごはん指数」ということなのです。潰れてしまった市場のお店の人が、昔のお得意さんが不便だろうからと、トラックで移動販売を始めてくれたので、やっとふつうのごはんが食べられるようになったと喜ばれていました。

■頼りになる「近くのお店」がありますか？

じつは「ごはん指数」は災害のときだけでなく、いまの社会問題でもあります。

買い物難民と言われる人が増えています。毎日のごはんの材料を買いに行くのが大変になっている人たちのことです。駅前の商店街、近所のお店がなくなり、車に乗って遠くのショッピングモールまで行かないと食材が手に入らない状況になってきました。車に乗れなければ、若い人であってもごはんつくりが大変になってきたのは、大量物流、スーパーマーケットが中心になってきたからです。確かに、モールに行けばいろいろなものがそろうけれど、近くになければ直接自分の眼と手で確認しながらの買い物はできなくなります。

暮らしを「ごはん指数」から見ると、まず、歩いて行けるところに食材を買うお店がなくてはなりません。

私は以前、ほしい食材を共同購入で入手していました。まだ個人への宅配が盛んになる以前のこと、グループをつくらないと本当にほしい安全でおいしいものはなかなか手に入らなかったのです。でも、働く人が増えるにつれてグループの維持が難しくなり、個人への宅配も増えてくる中で、いよいよ解散しなければならないとなったとき、私たちは、それまで共同購入で手に入れていたコンブやカツオ節を、近所のお店で扱ってもらえるようにお願いしました。その代わり、お願いしたものは必ずこのお店で買うことにしたのです。そんな形で近所のお店に暮らしを支えてもらうことも一つの方法です。そうしたお店は、災害のときにも在庫を放出してくれたり、なにかと力になってくれるものです。

どこの個人商店も高齢化と地域の空洞化に悩む昨今、私の近所でもおばあちゃんが開いていた店が、昼の3時に強盗に入られて（マンションばかりが多く、日中に地域にいる人がとても少ないのです）、物騒なので店を閉じてしまいました。車があるから、安売りしているからと、大型ショッピングモールばかりに人が集まると、地域のごはん指数はとてももろいものになってしまいます。

■「ごはん指数」のセーフティネットも考えよう

食事づくりがつらくなってきた年配の一人暮らしの方などには、食べることのセーフティネットも必要です。アメリカで実施されているフードスタンプのように給食、外食、中食などを近くにある給食施設、またはお店などで受けることができる仕組みも考えていいのではないでしょうか。私たちの町には、ご近所の一人暮らしのお年寄りが集まる喫茶店があります。お昼になると、ごくふつうのお惣菜が食べられる定食を出してくれるのです。朝・夕はちょっと簡単に済ませても、昼食がきちんと食べられているだけでもいいのです。給食ランチを地域のお店が担ってもいいのではないでしょうか。歩いて行ける、近くの「ふつうのごはん」外食です。出かけるのがつらい人には、お弁当の宅配でもいいのです。

暮らしの中で毎日の食事を安心して楽しめることで生活の質は上がります。このとき大切なのは毎日の食事がどれだけきちんとできているかどうかです。たまに給食や配食サービスをやっていますというのでは「ふだん」にはなりません。暮らしの基本は、日々、ちゃんと食べることなのです。行政など責任ある立場の方はそこを取り違えないでいただきたい。

非常時への備えを考えると、地域の中で給食ができる施設をマップ化しておき、そこに物資を運んで、小さな単位での給食ができるようにするのも有効です。それが学校であれ、保育所であれ、民間会社や公民館であれ、そこで何人分の食事をつくることができるかを調べておくことが必要です。そこに備蓄物資を振り向けることができれば、ガソリンが品薄になっても、小さな範囲の中で地域の食を守ることができるでしょう。

食に関しては、大量で一括というより、規模を小さく身近に小回りの効くスポットが集まって、面となって、地域を守ることが必要です。遠くから運ぶことより、身近な相互扶助の炊き出しステーションをどれほど確保できるかシミュレーションしてみましょう。その拠点に集まった人が自分でごはんをつくる力があれば、その設備も生かされるのです。まずは、自分で自分のごはんをつくることができるようになりましょう。それが共助のための第一歩です。

3 「地域」をつくる住民の力と安全のマネジメント

■どんな暮らし方をしたいですか？

住み慣れたこの町で安心して暮らしたい。それは誰かにお願いすればすむことではないし、お金を出して誰かにやってもらうことでもありません。ふだんのなにげない暮らしが、地域の力を養っているのです。

たとえばお祭り。東日本大震災後、例年通りのお祭りをと、道具も流され人も減った中でがんばって実現したお祭りが、心を揺さぶる力、地域の復興の底力となったようです。

阪神・淡路大震災のときも地域力、共助の力を発揮したのは「だんじり」で山車が地域じゅうを練り歩く祭りをしていた地域でした。だんじりの日に向かって、お囃子の練習、それぞれの役目をみんなで担って準備を進めていきます。そのときの食のふるまいなどは、日常のごはんづくりとは異なる大量調理です。みんなが力を合わせないとできないことばかり。それは、巧まずして地域の共同作業のトレーニングであったのです。小さな子どもからお年寄りまで、それぞれに役割があります。地域の人をゆるやかに包みまとめるシステムがお祭りではないでしょうか。お祭りの準備が大変だと感じる暮らしと、お祭りの準備を楽しみながら防災の基礎トレーニングができてしまう暮らしと、どちらがいいでしょうか？

もっとなにげない地域の行事もおおいに意味があります。近畿地方で盛んな「地蔵盆」、これは子どもの守り役の地蔵菩薩の縁日で、盂蘭盆会《うらぼんえ》の時期でもあるため、地蔵盆と呼ばれます。ふだんは道端にたたずんでいるだけのような小さな地蔵尊が、前垂れも新しく奉納され、供物も備えられ子どもの名前の入った提灯を飾られます。子どもたちは浴衣姿でお線香を持って、地域の地蔵尊を回り、家々でお供物のお菓子をもらって帰ります。そんな子どものための地域の小さなお祭りは、じつはこの地域にどんな子がいるのかを知る機会で、地域みんなが子どもを見守り育てる知恵の仕組みだったのだなあ、と改めて気づかされます。

■モノよりも人を見て「万が一」への対応を

この本全体で言ってきたことは、大災害のときにできるだけ自分で、次に身近な人々が力を合わせていのちを守ることができるための備えの必要性です。それをベースにした上で、行政など地域住民の安全に関わる立場の方々にぜひともお願いしたいのは、モノではなく人を見て対応してほしいということです。

たとえば避難所の運営について。今後、大都市圏に大規模地震が起こった場合、すべての避難者を避難所で受け入れることは物理的に不可能です。阪神・淡路大震災のときもそうでした。甚大な被害を受けた地域では、目の前の小学校に駆けこんでも、すでに満杯で門の中にすら入れませんでした。

その満杯の避難所では「食料・物資は全員に配給できるまで配らない」というルールが指導されていました。２００人の被災者がいるところにおにぎりが１８０個届いたとすると、〝不公平になる〟ので配らないのです。食料配布の優先順位も、校舎内に寝起きしている人が最優先、次が校庭の車にいる人、その次が公民館などの小規模避難所にいる人、自宅にとどまる近隣の人には水とおにぎり以外は渡さない、といったことまで細かく指導されていたのです。何より「公平」を重んじたそうです。

しかし考えてみてください、公平か不公平かで言えば、偶然避難所に入れた人たちだけが守られるとすれば、足の悪いお年寄りは、元気な若い人が先に避難所に入ってしまえばもう入れないという究極の不公平です。避難所がイス取りゲームになってはいけないのです。

避難所というモノ、そこに届けられる物資というモノ、それだけを見ているとこんなおかしなことが起きるのでしょう。避難所は地域のサポートステーションと位置づけて、保護の必要がある人しか行ってはならない救護の場だということを明確にすべきです。体調の悪い人や乳幼児やお年寄りを優先的に保護して、避難所の外にいる人々にもそれぞれに必要な物資が行き届くようにするためのＮＰＯやボランティアの仕分け・配達ステーションとして機能させましょう。住民も、とにかく避難所に行けば何とかなると考えるのではなく、避難所のサポートを受けながら、できるだけ自分たちで生きていく覚悟とノウハウを持っていなければなりません。それがあれば、地域から離れなくてもすむのです。

東日本大震災で、東京では多くの人が帰宅難民となりました。地域の避難所はもともと、多数の人が入れるものではありません。そこに帰宅難民も加わることはできないのです。多くの人が住む高層マンションでは、災害時に地域の避難所は利用できないことが入居条件になっていることさえあるのです。会社も高層ビルの住人も、それぞれに自分たちの万が一のときの対応をじゅうぶんに準備しておかねばなりません。その上で初めて、避難所が地域のサポート基地になれるのです。

もしものときに、地域から人が離れなくてもすむ、そこで復興してゆくことができる日常の暮らしを支えるシステムを、平穏なときにこそ、つくっておかなければ地域は崩れてしまうのです。その地域に住む人が地域の歴史、地域の文化をつくっています。そこに人がいなくなれば同時に地域のすべてが失われてしまいます。一人でも多くの人が、その地域に残り、そこで復興を果たすための地域の救護所が避難所であるべきです。「これだけの備蓄を用意した」「これだけ立派な防災拠点をつくった」というモノ優先の発想では地域を守ることはできません。ここで暮らしていくという気持ちとスキルを持つ住民が増えるような平時のサポートと、いざというときにその人々が自助の力を最大限発揮できるシステム（とそれを担う人）をつくることが自治体・行政の役割ではないでしょうか。

おわりに――肩の力を抜いて、ちょっと昔の暮らしを

思いもかけなかった阪神・淡路大震災から津波を伴った圧倒的な破壊力で未曾有の被害を出した東日本大震災まで、そのあいだにも台風、洪水などどれほどの災害が日本を襲ったことでしょう。日本で暮らす限りこれらの災害がさけられないなら、自然と真正面から対決するより、逃げる、いなす、やり過ごすといった、しなやかに生きのびる知恵を働かせてきたのが日本人の暮らし方なのでしょう。

阪神・淡路大震災から2年ほどたった頃、被災時にがんばって働いた若い元気な人がたくさん突然死しました。医師によると、「がんばれ」の応援にこたえてひたすらがんばってきた結果の過労死だというのです。せっかく助かったいのちをそんな形で失ってはいけません。被災した人はそこにいるだけで、じゅうぶんがんばっているのだから、がんばれと言わないで。今日できなかったことはまた明日でいいのです。いのちを落とすまでがんばらなくてもいいのです。

過酷な体験をしたあとに起こるＰＴＳＤ（Post Traumatic Stress Disorder、心的外傷ストレス障害）が被災地の人、とくに子どもたちにとって大きな問題になっています。一方、最近注目されているのがＰＴＧ（Post Traumatic Growth、心的外傷後成長）です。理不尽な、かかえきれない大変な苦難の体験にうちひしがれるのではなく、むしろそれを糧として人を大きく成長させるというものです。日本の第１次ＰＴＧ世代が、戦後の日本の繁栄を導きました。そのように、このあと、しばらく苦難の日々が続くとしてもきっと乗り越えることはできるでしょう。

歴史の中で国が滅びるときはあるけれど、地震で滅びた国はないといいます。この国も歴史の例外でないと信じたい。どれほどの災害が襲ったとしても、生きのびてきた日本人の知恵を次の世代に伝えたいものです。

この本ではいろいろと紹介してきましたが、災害の備えは日常に溶けこんでしまうのが理想です。一見、何もしていないように見えて、ビニール袋のストックを切らさないとか、前日に水を汲んでおくとか、生活をしていることそのものが災害への備えになっている形です。

人間はつねに緊張したまま生きることは不可能ですし、いつ来るかわからないことに対して心配し続けることは健康にもよくありません。災害がいつ起きても備えがあり、幸いに生き残ることができたら、それからどう生きていくかも大まかに知っている、そんな心の余裕を持っていることがとても大切だと思うのです。

「大まか」でいいのです。生活をすべてガチガチの防災仕様に変えてしまうことはありません。防災のために日常の楽しみを犠牲にしてしまうのでは、本末転倒です。失われるかもしれない日常をていねいに暮らす、そして、失ったときには、

また元の暮らしを取り戻すことができるように日頃の減災の準備をしておきましょう。

減災の手はじめに、日常の中に非日常をわざとつくってみましょう。たとえばライフラインが止まったと想定して電気・ガス・水道を使わない「お家キャンプ」。防災のために備えた食品を食べてみる。おいしいと思って買ったものが口に合わないかもしれません。逆に、期待以上においしいのでいつも食べたいと思うかもしれません。避難のシミュレーションもしてみましょう。ペットも連れて、昼でも夜でも実際に避難経路を歩いてみます。野外キャンプで火をおこす体験やナイフを使う体験をしたり、防災体験館などに行くのも楽しいものです。無理せずに、つらくなったらすぐ止められる環境で試すのがポイント。そこで問題点も見えてくるでしょう。なにもないときだからこそ、さらに考えを深めた準備もできるのです。

日本でいわゆるライフラインが整ったのはそんなに昔のことではありません。神戸でもつい30年ほど前は和式トイレが多く、水洗ではなかった場所もありました。水道は季節によって味が変わり品質もバラバラでした。パソコンや携帯電話が普及したのも、せいぜいここ20年のことです。もっと昔は停電や断水もそれほど珍しいことではありませんでした。コンビニも24時間営業ではなかったし、お盆や年末年始はお店は休みが当たり前でした。災害への備えには、ほんの40年ほど前の生活を思い出してみればいいのです。

最近、中国新疆ウイグル自治区の田舎で生活しました。トイレは屋外に設置され、水は時間制の配給で井戸へ汲みに行くのです。夜は暗くなったら寝て朝は明るくなったら起きる。別世界のように聞こえますが、実際に暮らすと人間の営みはどこでも変わらないものだと思いました。朝起きてごはんを食べ、出すものを出して、仕事に行って、また食べて寝る。「ふつうの暮らし」とはどこでもそんなものです。

あるヨガの先生が「よい呼吸は、吸うことではなく、きちんと吐くことからはじまる」と言っていました。ごはんも同じで、きちんと出して空腹になることこそ、よいごはんを食べる、ひいてはよく生きる秘訣なのだそうです。入れる（食べる）ことと同じぐらい、出すことも大切にしてください。きちんと出して、出したものを清潔に管理することも「ふつう」を保つために大事なことなのです。

きちんと出して、食べることができれば、まずは世界のどこでも生きていけます。それは災害のような非常時でもしっかり生きる力になるのです。せっかく生まれた国での自分の一生にどんなことが起ころうとも、悔いなく生きたいと思います。その生きる力は、日常の暮らしの中で育ち、育てられるもの。この本が読者の皆様に日常の暮らしを考えていただくヒントになれれば、なによりもうれしく思います。

２０１１年10月　生まれ育った神戸から

坂本廣子
坂本佳奈

●著者紹介●

坂本廣子（さかもと・ひろこ）

「台所は社会の縮図」として、食からの問題解決を目指す社会派料理研究家。教育の立場から幼児期からの五感で学ぶ体感食育「キッズキッチン」を35年にわたって実践する。家庭においては「台所育児」を提唱、NHK教育番組「ひとりでできるもん！」の生みの親でもある。子ども博物館におけるハンズオン教育、ライフセービング教育、介護の食、高齢者のための「炎のない料理法」の普及、米粉の利用普及、食の村おこしなどを行なっている。阪神・淡路大震災に被災し、その体験をもとに「台所からのがんばらない防災」を提唱。農林水産技術会議委員など公職多数。

坂本佳奈（さかもと・かな）

食文化・料理研究家。台所育児で育つ。姫路工業大学（現兵庫県立大学）工学部卒業。大阪市立大学大学院生活科学部前期博士課程修了。サカモトキッチンスタジオに所属しつつ、世界の家庭食文化の研究を各国を訪ねて行なっている。中でもウイグル料理研究のため、現地に居住し中国語・ウイグル語を習得。子ども博物館のハンズオン教育部門では、サイエンスクッキングのプログラムを作成。1995年の阪神・淡路大震災時は自宅で被災。科学の視点からの防災の食を研究、米粉の推進普及も行なう。

著書（坂本廣子著。★は坂本佳奈との共著）

台所育児 -1歳から包丁を-　農文協
自然流手作り和菓子　農文協
カンタン流手作りパン（発酵編）　農文協
ひとりでも安心手料理　農文協
家庭料理コツ事典　農文協
★国産米粉でクッキング　農文協
★もっとひろがる国産米粉クッキング～小麦・卵・牛乳なしでここまでできる～　農文協
ひとりでクッキング（1）～（10）　偕成社
ジュニアクッキング（1）～（5）　偕成社
五感と食の絵本①②　偕成社
イラスト版　子どもとマスターする37の調理の知識　合同出版
イラスト版　行事食・歳事食　子どもとマスターする特別な日の料理　合同出版
★親子でキッチン　（上下）　かもがわ出版
いつまでもおいしく　夢レシピ　かもがわ出版
五感で学ぶ食育ガイド　キッズキッチン　かもがわ出版
五感で学ぶ食育実践レシピ集　キッズキッチンⅡ　かもがわ出版
★納豆料理で元気百倍　創森社
子どもがつくる旬の料理①②　クレヨンハウス
子どもがつくるほんものごはん　クレヨンハウス
防災袋に必携！地震の時の料理ワザ　柴田書店
スーパー主婦の節電レシピ　柴田書店
坂本廣子の食育自立応援シリーズ①～③　少年写真新聞社

本書は『別冊うかたま』2011年12月号「台所防災術　がんばらなくても大丈夫」を単行本化したものです。

台所防災術
がんばらなくても大丈夫

2012年5月15日　第1刷発行
2020年2月20日　第9刷発行

著者　**坂本廣子**
　　　坂本佳奈

発行所　一般社団法人　**農山漁村文化協会**
〒107-8668 東京都港区赤坂7丁目6-1
電話　03(3585)1142(営業)　03(3585)1145(編集)
FAX　03(3585)3668　　振替　00120-3-144478
URL　http://www.ruralnet.or.jp/

ISBN978-4-540-12122-7
〈検印廃止〉

Printed in Japan
印刷・製本／凸版印刷(株)

自給の知恵と技

農家が教える 加工・保存・貯蔵の知恵

野菜・山菜・果物を長く楽しむ

農文協編 ●1800円+税

長期保存するだけでなく、旨みを増す干し野菜・果物や凍み豆腐など気候を活かした食品加工と、冷凍、土室・雪室、瓶詰など保存・貯蔵法。

農家が教える 発酵食の知恵

農文協編 ●1800円+税

漬け物、なれずし、どぶろく、ワイン、酢、甘酒、ヨーグルト、チーズなど、微生物の力で保存、旨みも増す深い知識と経験、技を集大成。

農家が教える わが家の農産加工

農文協編 ●1400円+税

ハム・ソーセージ・くん製・干物・もち・ケチャップ・ジャム・ジュース・梅干しなど、素材の持ち味を知り、生かす農家の技。

自然の恵みを活かす

野山・里山・竹林

楽しむ、活かす

農文協編　キノコ、山菜、蜂の子、昆虫、魚とりや養殖、草木クラフト、山仕事まで野山のアウトドア知恵集。

●1200円+税

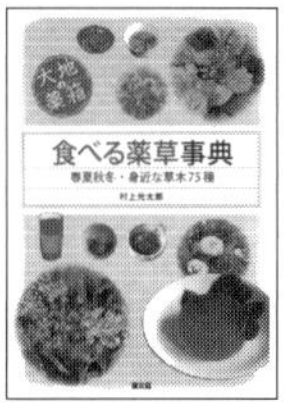

食べる薬草事典

春夏秋冬・身近な草木75種

村上光太郎著　薬効、利用法、調理・加工法を紹介。おいしく食べて健康になれる薬草料理・薬酒・薬草酵母・薬草茶を満載。

●2000円+税

野遊びクッキングガイド

1年各週・フィールド別

大海淳著　食材を現地調達し、その場で料理。週替わり、海・山・川、こだわりの48プランと野外調理の基礎と応用。

●1552円+税

山で暮らす

愉しみと基本の技術

大内正伸著　野山で生きるために本当に必要な技術、知識。伐採と造材、石垣積み、小屋づくり、燃料、水源の確保など。

●2600円+税

日常の食術

うおつか流 台所リストラ術

ひとりひとつき9000円

魚柄仁之助著　穀物・乾物、安魚やアラ、鳥皮、スジ肉などの徹底活用で、食卓で新たな価値を生む、「生産する消費者」の健康美食入門。

●1267円+税

陰陽重ね煮クッキング

梅崎和子著　体を温める食材と冷やす食材を一つの鍋の中で調和させ、素材本来の旨みを引き出す調理法、養生レシピ80種。

●1429円+税

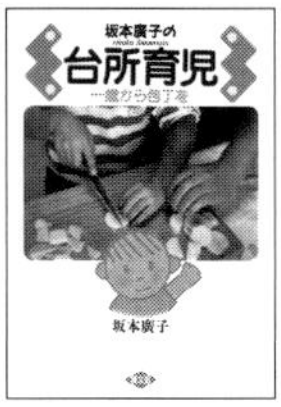

坂本廣子の台所育児

一歳から包丁を

坂本廣子著　子どもが主役の台所は、やさしく逞しい子を育て、生きる力を育む。小さな手のための道具選びからレシピまで。

●1500円+税

もっとひろがる 国産米粉クッキング

坂本佳奈・坂本廣子著

1400円+税

小麦・卵・牛乳なしでここまでできる。使い道がこんなに！　パンから洋菓子、フライ・天ぷら、カレー・シチューまで70品。